O QUE É PSICOLOGIA

RICHARD H. HENNEMAN
da Universidade de Virgínia

O QUE É
PSICOLOGIA

Tradução de
José Fernando Bittencourt Lomonaco
Instrutor do Departamento de Psicologia Educacional
da Universidade de São Paulo

22ª edição

JOSÉ OLYMPIO
EDITORA

Título do original em inglês
THE NATURE AND SCOPE OF PSYCHOLOGY

© *Wm. C. Brown Company Publishers, 1966*

Reservam-se os direitos desta edição à
EDITORA JOSÉ OLYMPIO LTDA.
Rua Argentina, 171 – 1º andar – São Cristóvão
20921-380 – Rio de Janeiro, RJ – República Federativa do Brasil
Tel.: (21) 2585-2060   Fax: (21) 2585-2086
Printed in Brazil / Impresso no Brasil

Atendemos pelo Reembolso Postal

ISBN 85-03-00262-0

Capa: ELI BEATRIZ PONCE

CIP-Brasil. Catalogação-na-fonte
Sindicato Nacional dos Editores de Livros, RJ.

H442q

Henneman, Richard H.
O que é psicologia; tradução de José Fernando Bittencourt Lomonaco. – 22ª ed. – Rio de Janeiro: José Olympio, 2002.

Tradução de: The nature and scope of psychology.
Bibliografia.

1. Psicologia. I. Título. II. Série.

02-0399

CDD – 150
CDU – 159

SUMÁRIO

PARTE I. *A Psicologia Contemporânea e seus Antecedentes Históricos*

O Extenso Domínio da Psicologia 3
Linhas Históricas de Investigação Relativas ao Homem e ao seu Comportamento 6
A Evolução Histórica da Psicologia Moderna 8
O Dualismo Mente-Corpo e suas Implicações 8
Filosofias Empiristas e Racionalistas 11
O Nascimento da Psicologia como Ciência Natural 15
As "Escolas" de Psicologia do Século XX 20
A Psicologia Estruturalista Americana 21
A Psicologia Funcionalista Americana 23
O Behaviorismo Americano 25
A Psicologia da Gestalt 32
A Abordagem Psicanalítica de Freud 34
Que é Psicologia: Um resumo 37

PARTE II. *Os Métodos de Investigação Psicológica*

A Necessidade de Métodos Precisos de Estudo 39
As Relações entre Métodos e Problemas 43
Os Métodos Utilizados em Psicologia 43

v

O Método Experimental 44
O Objetivo do Método Experimental 44
O Controle e a Medida das Variáveis 45
A Prova Experimental de Hipóteses 50
As Vantagens do Método Experimental 53
As Limitações do Método Experimental 54
Um Experimento com Animais: O Comportamento de Alimentar-se Pode ser Modificado pelo Treinamento 55
Outro Experimento com Animais: Pode a Resistência à Tensão Ser Aprendida? 58
Um Experimento com Seres Humanos: A Retenção após Intervalos Iguais de Sono e Vigília 60
A Abordagem da Ciência Social em Psicologia (Pesquisa de Campo) 64
Observação do Comportamento em Situações Naturais (Observação de Campo) 65
Um Exemplo da Observação de Campo: O Comportamento de Liderança em Grupos de Crianças 66
Levantamentos e Pesquisas de Opinião Pública 68
Um Levantamento de Atitudes: Relação entre Atitudes e Educação 69
Outro Levantamento de Atitudes: Pode-se Prever o Comportamento através das Atitudes? 71
A Avaliação do Comportamento através de Testes 72
A Abordagem Clínica — Aconselhamento em Psicologia 74
Um Histórico de Caso 76
O Emprego da Estatística em Psicologia 77
A Simples Apresentação Estatística dos Dados 78
O Planejamento Experimental 79
A Correlação Estatística 79

PARTE III. *As Atividades Profissionais dos Psicólogos Contemporâneos*

O Número e a Diversidade de Interesses dos Psicólogos	83
Onde Trabalham os Psicólogos?	86
A Psicologia e as Outras Profissões	87
Psicologia e Medicina	87
Psicologia e Direito	88
Psicologia e Engenharia	89
Psicologia e Indústria	91
Psicologia e Educação	93
Psicologia e Religião	94
Os Campos Especializados da Pesquisa Psicológica	94
Psicologia Animal (Comparada)	95
Psicologia Fisiológica	97
Psicologia do Desenvolvimento	99
Psicologia das Diferenças Individuais	102
Psicologia Clínica e do Anormal	103
Psicologia Social	106
A Relação da Psicologia com as Outras Ciências	108
A Psicologia como Ciência e como Tecnologia	111
Sugestões para Leituras	120
Referências	122
Índice remissivo	124

O QUE É PSICOLOGIA

PARTE I

A PSICOLOGIA CONTEMPORÂNEA E SEUS ANTECEDENTES HISTÓRICOS

O Extenso Domínio da Psicologia

Para o principiante em psicologia, as perguntas mais naturais do mundo são: Que é psicologia? Que fazem os psicólogos? Entretanto, as respostas não são nem fáceis nem, geralmente, muito satisfatórias para a pessoa que pergunta. Na verdade, não é possível dar nenhuma resposta simples, direta ou exata. Ainda que isso possa parecer confuso à primeira vista, a psicologia significa coisas diferentes para diferentes pessoas e os psicólogos estão envolvidos em atividades muito diversas, como as seções subseqüentes deste livro mostrarão.

Alguns psicólogos estão preocupados com a pesquisa básica de laboratório com animais. Outros procuram desvendar os mistérios de como o homem percebe o mundo que o cerca, como se recorda daquilo que vivenciou e como toma decisões baseado em suas percepções anteriores. Outros estudam a aquisição da linguagem pela criança. Outros ainda procuram respostas para problemas práticos do mundo dos negócios, tais como os métodos mais eficientes para treinamento de trabalhadores industriais, como manter elevado o moral do empregado ou como identificar indivíduos com alto potencial de liderança. Alguns psicólogos ocupam-se de trabalhos particulares atendendo clientes portadores de múltiplos problemas pessoais que vão desde a escolha vocacional até à solução de dificuldades conjugais. No tocante à saúde mental, os psicólogos, trabalhando ao lado dos psiquiatras (com os quais são freqüentemente confundidos pelo público), travam a interminável guerra contra o desajustamento mental.

Assim, a imagem da psicologia contemporânea é caracterizada por seus extensos limites, sua complexidade e sua heterogeneidade. Os psicólogos atuais estão longe de concordar quanto aos problemas que devem estudar, os métodos que devem empregar ou as teorias a que devem aderir. Embora tal diversidade de pontos de vista e de ênfase possa parecer confusa ao público, exploração e desacordo são características de todos os ramos da ciência moderna, especialmente aquelas que investigam o comportamento social do homem. À medida que adentramos a segunda metade do século XX, a ciência revela-se cada vez menos capaz de fornecer respostas simples a questões relativas à definição e campo.

No caso da psicologia, o leigo está particularmente sujeito a ser mal informado e confundido pela inexata representação da psicologia e dos psicólogos apresentada através de filmes, da televisão ou da literatura popular. Muito freqüentemente o psicólogo, o psiquiatra e o psicanalista são apresentados como uma e a mesma pessoa. [1]

---
[1] O psicólogo profissional geralmente possui o grau de doutor em Filosofia (Ph.D.) * e pode desempenhar um grande número de atividades, tais como as relacionadas na última parte deste livro. O psiquiatra é um médico que trata de pacientes com perturbações mentais. *Psicanalista* é a denominação aplicada ao psiquiatra ou ao psicólogo adepto dos conceitos e teorias de Sigmund Freud, ou que segue os métodos de Freud no diagnóstico e tratamento de pacientes.

* Evidentemente o autor se refere, nesse aspecto, à situação dos psicólogos nos E.U.A. — N. do T.

Quando se exige uma explicação para a diversidade e heterogeneidade existentes na psicologia, a resposta comum é a de que a psicologia é uma ciência jovem e que ainda não adquiriu o *status* das ciências mais velhas e bem estabelecidas como a física e a biologia. Na realidade, algumas vezes deparamos com a afirmação de que os psicólogos ainda não descobriram nem a si mesmos nem o seu lugar na família das ciências. Tal afirmação, todavia, é no mínimo superficial e, no máximo, inexata. Em primeiro lugar, a psicologia logo completará um século de *status* formal como ciência, ainda que esteja reconhecidamente aquém da física e da biologia em sofisticação científica, metodologia e precisão de medida. Mais sério é o desacordo dentro da psicologia quanto a se a ênfase principal deve ser posta sobre a ciência ou sobre a tecnologia; sobre a pesquisa de laboratório ou sobre a prática como uma arte aplicada.

Uma explicação mais lógica para a complexidade e diversidade de interesses da psicologia contemporânea pode ser buscada num exame da história da investigação do homem sobre sua natureza. Tal investigação é muito antiga, antecedendo quase certamente a história escrita e a filosofia. Esta investigação é, também, marcada pela variedade de seus problemas, ênfases e abordagens. Pode-se afirmar com segurança que os múltiplos interesses e atividades dos psicólogos de hoje representam simplesmente o estágio atual na evolução da investigação sobre o comportamento humano.[2] A seguir, resumimos importantes abordagens históricas ao estudo do comportamento humano que parecem ter contribuído significativamente para as explorações atuais da psicologia.

---

[2] O autor não está apto a citar referências específicas nas quais esse argumento esteja minuciosamente exposto. A noção é claramente evidente no primeiro capítulo da excelente versão de Peter da *History of Psychology*, de Brett (25). A elaboração deste ponto de vista no texto é produto da interpretação própria do autor sobre a história da psicologia.

5

Linhas Históricas de Investigação Relativas ao Homem e ao seu Comportamento

1 — *Teorização Filosófica Relativa ao Homem e a sua Mente*

Questões típicas: Quais são as funções da mente humana? Onde a mente se origina e como se desenvolve? Como está a mente relacionada com o corpo? Os animais têm mente?

2 — *Interesse Biológico e Médico pelas Funções Corporais*

Questões típicas: Qual a relação entre estruturas e funções corporais? Como funcionam os órgãos dos sentidos e o cérebro na percepção que o homem tem do mundo? Qual é o papel do cérebro na direção do comportamento? Como funcionam os nervos? Os humores (fatores bioquímicos) estão relacionados com a personalidade?

3 — *Religião e Ética*

Questões típicas: Qual é a relação do homem com Deus? Qual a relação entre alma e mente? Como se evidencia a influência de Deus no comportamento humano? Quais os princípios que devem reger uma vida correta? Qual é o papel do homem religioso na comunidade?

4 — *Treinamento Infantil e Educação*

Questões típicas: Qual é a melhor maneira de educar a criança a fim de formar bons cidadãos? Como e em que medida as crianças devem ser disciplinadas? Que importância tem para a criança a oportunidade de expressar-se livremente?

5 — *A Causa e o Tratamento das Perturbações Mentais*

Questões típicas: Qual é a fonte da perturbação mental do paciente? Como deve ser ele tratado? Há cura para os desajustamentos mentais?

6 — *Teorias Econômicas e Políticas Sobre o Comportamento do Homem na Sociedade Organizada*

Questões típicas: Quais são os motivos básicos subjacentes ao comportamento do "homem econômico"? Que motivos sociais devem ser considerados no planejamento e administração de um governo? Que necessidades sociais são satisfeitas por uma ditadura? Por uma democracia? Por um estado socialista?

7 — *As Contribuições da Antropologia Cultural e da Sociologia para a Compreensão do Comportamento Humano*

Questões típicas: Em que medida o homem é um produto de sua cultura? Como se exerce a influência do grupo sobre o indivíduo? Qual o comportamento do indivíduo que é mais determinado por seus relacionamentos culturais?

Encarada como o produto complexo destas linhas de investigação variadas e, algumas vezes, conflitivas, a diversidade de interesses e esforços dos psicólogos modernos não parece tão confusa assim. Não é de se admirar que pesquisadores e tecnólogos que hoje seguem esses caminhos freqüentemente divergentes mostrem tão pouca unidade de propósito ou organização de esforços. Nem é por demais surpreendente que eles nem sempre concordem a respeito de métodos e teorias. A não ser que haja uma imprevisível ditadura intelectual, a presente heterogeneidade de esforços e desacordos de pontos de vista provavelmente se prolongará ainda no futuro. Saber se a psicologia ganhará em eficiência à medida que se tornar mais coesa é problema que suscita debates, entretanto o *status quo* da psicologia não deve ser nem negado nem considerado misterioso. Ao invés disso deve ser compreendido e aceito como um produto da evolução histórica do livre inquérito humano. Vamos agora examinar sucintamente alguns dos principais desenvolvimentos históricos dos quais redundou a psicologia tal como a conhecemos atualmente.

A Evolução Histórica da Psicologia Moderna

Começaremos nosso levantamento histórico com um exame das principais teorias filosóficas que moldaram o aparecimento da psicologia como ciência. Embora os filósofos tenham especulado durante séculos a respeito da natureza da mente e da alma humanas, precisamos incluir em nossa discussão apenas algumas das principais teorias dos últimos três séculos e meio. Para nossos propósitos podemos começar com o filósofo francês René Descartes (1596-1650).

O Dualismo Mente-Corpo e suas Implicações

Descartes, eminente filósofo, matemático e fisiólogo, influenciou o desenvolvimento subseqüente da psicologia através de sua teoria do dualismo psicofísico — a distinção entre mente e corpo — e de sua interpretação mecanicista do comportamento animal — o conceito de "animais sem mente". Descartes impressionou-se com a multiplicidade de teorias e a confusão do pensamento que existia em sua época a respeito do funcionamento e da natureza do corpo humano, da mente e da alma. Decidiu esclarecer esses conceitos em sua teoria do dualismo. Segundo Descartes a realidade era composta de duas áreas distintas e separadas, o domínio físico da matéria e o reino imaterial da mente. As substâncias materiais possuíam características físicas como massa, extensão no espaço e movimento. Incluem-se aqui os organismos vivos — abaixo do nível humano — que manifestam uma diversidade de processos fisiológicos como alimentação, digestão, circulação sanguínea, funcionamento nervoso, movimentos musculares e crescimento. Os fenômenos mentais, no outro extremo, não têm extensão no espaço (não têm massa) e nem localização. As principais atividades da mente são recordar, raciocinar, conhecer e querer. Descartes afirmava que algumas atividades eram produtos resultantes da interação da mente com seu correspondente material, o corpo. Incluem elas a sensação, a imaginação e o instinto (impulsos para a ação).

Descartes negava que os animais tivessem mente, considerando-os como máquinas intrincadas capazes de comportamento muito complexo, é verdade, mas incapazes de raciocinar como o homem. Descartes estava bastante informado sobre o conhecimento fisiológico da sua época e descreveu detalhadamente os mecanismos do comportamento corporal que tinham lugar sem a direção da mente. Dessa forma Descartes, provavelmente sem nenhuma intenção, inspirou uma sólida base fisiológica para uma teoria mecanicista, monista, do comportamento dos organismos que mais tarde veio a ser o' ponto de vista dominante nas modernas ciências da vida.

Descartes exerceu uma profunda influência sobre o pensamento dos filósofos dos dois séculos seguintes e sua afirmação do dualismo mente — corpo foi quase universalmente aceita. Dessa visão da realidade decorre que existem duas áreas principais de investigação, uma para a ciência e outra para a filosofia, ou seja, o mundo material da realidade física e o mundo mental da realidade psicológica. Implicitamente, o psicólogo tem uma das duas esferas da realidade para sua investigação — o domínio da mente ou da alma (Descartes empregava os termos indistintamente).

Observe-se que por essa divisão da pesquisa o psicólogo não deveria ter interesse pelos processos corporais, uma vez que esses estariam sob a jurisdição do cientista físico. Nem poderia estudar devidamente o comportamento animal, uma vez que os animais não possuem mente. Na verdade, o psicólogo não teria necessidade de laboratórios, pois como poderia observar e medir entidades físicas que não têm extensão nem localização? Se a mente é concebida como livre e não causada, como Descartes afirmava, ela, obviamente, não é suscetível de investigação científica. Entretanto, tais dificuldades lógicas não eram tão óbvias no século XVII como o são hoje, e durante 250 anos após a morte de Descartes a psicologia filosófica persistiu na crença de que os objetos apropriados para a investigação dos psicólogos eram os fenômenos da mente. Descartes não deu uma resposta realmente satisfatória à pergunta de como a mente e o corpo estão relacionados. Não foi senão no século XX, quando a psicologia se emancipou em grande parte da filosofia e estava buscando *status* como uma ciência independente, que se reconheceu a inutilidade de uma ciência da mente. Ainda hoje o homem da rua acredita que os psicólogos estudam a mente e fica surpreso ao saber que há necessidade de laboratórios de psicologia. E, se já ouviu falar a esse respeito, dificilmente será capaz de imaginar o que acontece dentro deles.

Filosofias Empiristas e Racionalistas

Nos séculos XVIII e XIX a mente e seu funcionamento tornaram-se objeto de grande interesse para os filósofos. Duas escolas de pensamento rivais se desenvolveram, uma conhecida como empirismo inglês e a outra como racionalismo alemão. Estas filosofias opostas tiveram grande influência sobre o aparecimento da psicologia como ciência durante os fins do século XIX e inícios do século XX. A filosofia empirista enfatizou sobretudo os papéis da percepção sensorial e da aprendizagem no desenvolvimento da mente. O primeiro empirista, John Locke (1632-1704) afirmava que a mente do recém-nascido era um espaço vazio e que seu conteúdo — sensações, imagens e idéias — tinha como fontes as impressões sensoriais do mundo externo obtidas através da percepção. Para justificar a base sensorial do conhecimento é necessário ressaltar a importância da memória, como faziam os filósofos empiristas, teorizando amplamente quanto à natureza das associações que constituem a base da recordação das experiências anteriores e da formulação das idéias.

Dois princípios de associação de geral aceitação eram os de *similaridade* e *contigüidade* (proximidade) no espaço e no tempo. Objetos, pessoas ou nomes muito semelhantes tendem, por essa razão, a ser recordados juntos, ou mesmo confundidos em nossas lembranças. Todos nós ocasionalmente ficamos embaraçados pela identificação errada de rostos, nomes ou endereços. Uma seqüência de eventos ou itens vistos ou ouvidos muitas vezes juntamente com outra tende a tornar-se ligada ou "encadeada" quando tentamos recordá-la. O alfabeto, os livros da Bíblia, os reis da Inglaterra são exemplos familiares. A noção de associação na aprendizagem e na memória mais ganhou do que perdeu em significância na psicologia moderna. Investigadores modernos do processo de aprendizagem realçam a importância básica das conexões associativas na formação de hábitos, na aquisição de habilidades e na memorização decorativa de listas de palavras, regras ou poemas.

Os empiristas tendiam a considerar a percepção sensorial como um processo um tanto passivo de recepção de estímulos ambientais, um processo no qual o percebedor tem pequeno controle sobre o que vê, ouve, cheira ou saboreia. Acreditava-se que a percepção dos sentidos começa com a estimulação do ambiente (por exemplo, raios de luz refletidos pelas superfícies dos objetos ou por ondas de som postas em movimento pela vibração dos corpos). Os órgãos dos sentidos recebem essa estimulação e o processo fisiológico despertado é transmitido pelos nervos ao cérebro. O resultado final é a percepção consciente dos objetos vistos ou ouvidos. Essa percepção consciente constitui a base do conhecimento humano. Aquilo que percebemos era considerado como uma conseqüência um tanto direta, se não realmente uma "cópia", da natureza da estimulação a que foram submetidos nossos olhos, ouvidos ou outros órgãos dos sentidos.

Os filósofos empiristas deixaram de reconhecer ou, pelo menos, de observar que o próprio percebedor determina, em grande parte, aquilo de que se torna ciente ou a maneira de interpretar o que vê e ouve. Experimentos sobre percepção sensorial no século XX demonstraram a importância dos hábitos, expectativas e motivos do homem sobre sua percepção dos objetos e eventos do mundo ao seu redor e proporcionaram evidência científica para o fato, já bastante conhecido, de que os indivíduos diferem surpreendente e, muitas vezes, dramaticamente, em suas percepções. Entretanto, muitos psicólogos tendem ainda a ressaltar a estimulação sensorial como o mais importante e o mais bem conhecido determinante da percepção ao invés dos fatores internos do observador. O problema é, ainda hoje, objeto de considerável controvérsia entre os psicólogos experimentais.

Reconhecendo a óbvia interação entre os processos mentais e corporais, os empiristas começaram a especular intensamente a respeito da natureza dos mecanismos e processos fisiológicos que constituem a base de eventos mentais como a percepção e a recordação. Presumivelmente, tais processos têm lugar no cérebro. Vê-se pois como na teorização filosófica estava o fundamento para a extensa investigação das bases biológicas dos chamados fenômenos mentais, investigação essa que teve início no século XIX e forneceu um dos principais suportes para o aparecimento da psicologia como ciência. É possível também que esse tipo de pensamento se reflita hoje na noção popular que não faz distinção entre "mente" e cérebro.

Os filósofos da escola rival — o racionalismo alemão — opunham-se à maioria das idéias dos empiristas. Menosprezavam o papel da percepção sensorial como a principal fonte das idéias e conhecimentos, afirmando que a mente humana tem a capacidade inata de gerar idéias independentemente da estimulação ambiental. A percepção era também encarada diferentemente, sendo considerada como um processo seletivo no qual o observador decide de antemão o que deseja olhar ou ouvir e, depois, busca locais ou objetos para a observação. A informação recebida pela mente, através dos órgãos dos sentidos, também é suscetível de interpretação individual pelo percebedor que, freqüentemente, chega à sua própria avaliação dos dados sensoriais em desacordo com a fonte de estimulação física. De um modo geral, o racionalista atribui à mente um papel muito mais significativo do que o empirista. O problema central para o racionalista não era o que estava *na* mente, mas o que a mente *fazia*. As atividades principais da mente eram perceber, recordar, raciocinar e desejar. Para realizar estas funções acreditava-se que a mente tivesse "faculdades" especiais. A noção de faculdades mentais persistiu até nossos dias e ainda se ouvem discussões entre professores universitários a respeito do valor relativo dos cursos de matemática e lógica para melhorar as "faculdades mentais".

Devemos chamar a atenção para outro ponto de desacordo entre os filósofos empiristas e racionalistas, aquele que se tornou o principal pomo de discórdia entre as diversas escolas de teoria psicológica no início do século XX. O empirista acreditava que as percepções e idéias complexas — por exemplo, uma casa, uma paisagem ou um conceito geométrico como um quadrado — fossem constituídas de partes componentes mais simples ou elementos. Tais componentes mais simples da consciência combinam-se ou sintetizam nossas experiências e conceitos comuns através dos princípios de associação que os empiristas esperavam finalmente investigar e compreender. Afirmavam que uma compreensão real dos fenômenos mentais só seria possível depois que tal análise fosse feita. Os racionalistas não admitiam a necessidade desta abordagem analítica para a compreensão dos processos mentais, insistindo que a percepção de casas e paisagens são entidades por si mesmas, com qualidades características que seriam destruídas pela análise de seus componentes. A análise de estados mentais complexos é artificial e irreal. Para o racionalista, um conceito geométrico tal como um triângulo ou um quadrado não é passível de ser reduzido a linhas e ângulos sem destruir o aspecto característico de "triangularidade" ou "quadratura". Essa controvérsia nunca foi satisfatoriamente resolvida.

O Nascimento da Psicologia como Ciência Natural

O primeiro laboratório de psicologia experimental foi criado na Universidade de Leipzig, na Alemanha, em 1879, por Wilhelm Wundt (1832-1920).

WILHELM WUNDT (The Bettmann Archive)

Durante o século anterior os filósofos haviam discutido a possibilidade de estudar a mente humana pelos métodos científicos de laboratório. A declaração formal do *status* da psicologia como ciência natural, na forma de um laboratório experimental, foi conseqüência de três desenvolvimentos, dois dos quais ocorreram durante o século XIX. Todos os três contribuíram poderosamente para o acúmulo de teoria e metodologia que permitiu a Wundt escrever um livro intitulado *Princípios de Psicologia Fisiológica* (32) e criar um laboratório destinado exclusivamente à investigação experimental dos fenômenos mentais (especialmente percepção sensorial, associação e tempo de reação).

O primeiro dos antecedentes intelectuais da psicologia experimental já foi praticamente considerado em nossa breve discussão das teorias filosóficas da mente no período de 1600 a 1850. A abordagem de Wundt à psicologia foi significativamente influenciada pelo ponto de vista dos filósofos empiristas, sem o qual dificilmente teria sido possível a um cientista ou filósofo conceber a transformação da psicologia em ciência experimental. O segundo desenvolvimento foi o aparecimento da fisiologia (particularmente o estudo dos órgãos dos sentidos, nervos e cérebro) como ciência experimental. A terceira contribuição essencial para a "nova psicologia" de Wundt foi a combinação, peculiarmente feliz, da indagação filosófica com a investigação experimental, que veio a ser conhecida como *psicofísica*. Uma vez que já consideramos as teorias psicológicas da filosofia empirista, vamos mencionar resumidamente as contribuições da fisiologia e da psicofísica para o estabelecimento da psicologia experimental.

No início do século XIX a ciência havia progredido até o ponto em que tanto o espírito intelectual da época como os métodos apropriados de estudo tornaram possíveis a investigação em laboratório dos processos corporais envolvidos na percepção que o homem tem do mundo. Experimentos foram realizados para estudar a maneira pela qual os órgãos dos sentidos, como os olhos, ouvidos ou aqueles localizados debaixo da pele funcionam quando estimulados por energia luminosa, ondas sonoras ou objetos em contato com a pele. Tais experimentos sobre "sensitividade" exigiam algum tipo de resposta à estimulação experimental; algum tipo de movimento muscular poderia ser escolhido como medida das reações animais; com seres humanos o procedimento usual era a pessoa em estudo relatar ao experimentador o que sentiu como efeito da estimulação quando se tornou consciente de estar sendo estimulada por uma luz, som ou pressão aplicada à pele. O fato de os fisiólogos dos sentidos utilizarem relatos de observadores humanos relativos à sua consciência da estimulação experimental mostrou-se de grande significância para o aparecimento da nova ciência da psicologia, pois assim se abriu um caminho para estudar a "mente" no laboratório.

Outra área de interesse da nova ciência da fisiologia dizia respeito à estrutura e funcionamento do cérebro. Influenciada no início do século XIX pela estranha e efêmera teoria frenológica,[3] a investigação das funções cerebrais logo conduziu à teorização sistemática, depois à observação clínica e, finalmente, à experimentação de laboratório, no final do século. Em meados do século XX, os experimentos da fisiologia cerebral parecem evidenciar algumas das mais importantes aberturas para o estudo da aprendizagem e das desordens mentais. O interesse dos fisiólogos do século XIX

---

[3] Frenologia é a teoria que afirma serem as capacidades e traços de personalidade indicados pelo tamanho relativo do tecido cerebral em diferentes áreas da cabeça. O contorno da cabeça iguala esses "morros e vales" subjacentes, porém medindo-se cuidadosamente a topografia da cabeça pode-se avaliar traços dominantes dos indivíduos, tais como combatividade, cautela, cobiça, respeito, jovialidade, etc. A frenologia foi objeto de grande discussão, se não de aceitação, no início de 1800. Geralmente ela é associada a seus dois principais defensores, F. J. GALL (1758-1828) e G. SPURZHEIM (1776-1832). Uma breve explicação da frenologia pode ser encontrada na *History of Experimental Psychology*, de BORING (3).

— a natureza da atividade nervosa e, particularmente, a velocidade de condução do tecido nervoso — conduziu a teorias e experimentos que ficaram incorporados à história da psicologia experimental. Os nomes dos pioneiros da fisiologia cuja pesquisa conduziu diretamente à fundação do primeiro laboratório de psicologia são numerosos demais para serem mencionados nesta breve exposição do assunto. Não obstante, o grande físico e fisiólogo alemão Hermann von Helmholtz (1821-1894) é considerado como um dos

HERMANN VON HELMHOLTZ (The Bettmann Archive)

psicólogos experimentais pioneiros por suas brilhantes investigações sobre a fisiologia da visão e audição, bem como pelas descrições e explicações da percepção sensorial visual e auditiva.

A importância dos progressos do século XIX no campo da fisiologia do funcionamento sensorial e nervoso dificilmente pode ser subestimada pela novel ciência da psicologia. O conhecimento e a metodologia de laboratório dos fisiólogos dos sentidos foram essenciais para Wundt planejar o primeiro laboratório de psicologia. Dessa data em diante, a psicologia fisiológica constitui um componente significativo da psicologia experimental. Descobertas recentes a respeito dos mecanismos e processos cerebrais relativos à motivação, aprendizagem e, provavelmente, desordens mentais prometem revolucionar nosso pensamento a respeito desses velhos aspectos do comportamento humano.

O terceiro desenvolvimento que conduziu à fundação do primeiro laboratório de psicologia, uma área de investigação e teoria conhecida como *psicofísica*, é um assunto complexo demais para ser considerado num capítulo introdutório de um livro de psicologia geral. Os experimentos de psicofísica envolvem as relações entre as características da estimulação física (por exemplo, ondas de luz ou de som) e a sensação resultante ou a percepção consciente (por exemplo, brilho, cor, sonoridade). Estas últimas eram consideradas no século XIX como processos que ocorriam na mente e, portanto, inacessíveis à investigação experimental pela ciência. Entretanto, se experimentos de laboratório cuidadosamente controlados demonstrassem a existência de relações estáveis entre as características da estimulação e as qualidades resultantes da experiência sensorial, era possível argumentar-se que esses processos mentais poderiam ser estudados cientificamente em termos da estimulação física que lhes dera origem. Entre os mais importantes estudos pioneiros da psicofísica estavam aqueles preocupados com a menor ou a mais fraca estimulação perceptível e com a menor diferença capaz de ser percebida entre duas fontes de estimulação, por exemplo, duas luzes, dois tons, duas linhas ou dois pesos.

A fisiologia experimental e a psicofísica experimental pareciam propiciar uma solução para o dilema do dualismo cartesiano — ou seja, que os eventos mentais são inteiramente distintos dos eventos físicos. Se nossas experiências conscientes de luzes, sons e pesos são dependentes das características da estimulação física e de processos fisiológicos demonstráveis nos órgãos dos sentidos, nervos e cérebro — ambos os quais são eventos mensuráveis no mundo físico da matéria —, então os eventos "mentais" são suscetíveis à investigação de laboratório e, por conseguinte, vem a ser possível uma ciência da mente.

Experimentos sobre relações psicofísicas constituíram uma grande parte da pesquisa no laboratório de Wundt e ele acreditava-se um pioneiro na nova ciência da mente, uma afirmação que nunca foi seriamente contestada. Em suas abordagens do problema da psicologia, Wundt seguiu as doutrinas da filosofia empirista e não as da filosofia racionalista. Deu ênfase à percepção sensorial como área principal de experimentação. Procurava reduzir as percepções complexas a elementos mais simples de sensação e imagem, e esperava estudar os princípios de associação através dos quais os elementos mentais se combinam e sintetizam para formar experiências complexas. Finalmente, acreditava que os processos fisiológicos dos órgãos dos sentidos e do cérebro eram acompanhamentos essenciais das atividades mentais. Na verdade, a psicologia experimental primitiva era uma descendente intelectual da filosofia empirista.

As "Escolas" de Psicologia do Século XX

Quando a nova psicologia experimental ingressou no século XX já haviam surgido diversos sistemas, ou "escolas", controversos. Estes sistemas teóricos rivais representaram uma transição da psicologia filosófica dos dois séculos anteriores à psicologia relativamente sofisticada dos dias atuais. Muitos dos princípios opostos das filosofias rivais — empirismo e racionalismo — surgiram nos "programas" das diversas escolas. Os dilemas e controvérsias principais da psicologia contemporânea são, também, claramente reconhecíveis nos argumentos teóricos de cinqüenta anos passados. Está além da finalidade de um texto introdutório descrever em detalhes os princípios opostos das diversas escolas do início do século XX, mas talvez uma breve consideração dos diversos sistemas competitivos contribua para uma melhor compreensão das diversas atividades e crenças dos psicólogos atuais.

A Psicologia Estruturalista Americana

Essa escola representou a mais lógica tentativa já feita para formular uma ciência da mente. Em essência ela se constitui no sistema teórico de Wundt levado para a América do Norte por um de seus discípulos, E. B. Titchener (1867-1927). A tarefa da psicologia para os psicólogos estruturalistas era estudar os fenômenos mentais através de uma minuciosa descrição analítica dos estados de consciência resultantes da estimulação pela energia física. Essa descrição cuidadosa e elaborada das experiências conscientes era denominada *introspecção* (vocábulo latino que significa "olhar para dentro") e exigia um longo treinamento no laboratório e atitudes cuidadosamente controladas de observação e relato. As sensações eram minuciosamente descritas em função de diversas qualidades ou dimensões tais como intensidade, duração, magnitude ou clareza. As experiências conscientes deveriam ser expurgadas dos significados ou referências relativas à fonte estimuladora. Por exemplo, não era uma boa introspecção relatar: "Eu ouço uma campainha." O relato deve limitar-se exclusivamente ao que realmente foi *ouvido,* não àquilo que é conhecido, isto é, a uma descrição das qualidades auditivas das sucessivas experiências de tonalidade que ocorrem na consciência depois que as ondas sonoras da campainha atingiram os ouvidos.

Os experimentos estruturalistas continuaram na tradição de Wundt, buscando explorar mais a dependência entre as qualidades sensoriais da experiência e as características da estimulação física. Titchener acreditava que a psicologia e a física estavam preocupadas com o mesmo mundo dos eventos, sendo a tarefa do psicólogo estudar a percepção humana das mudanças físico-eletroquímicas do ambiente. Esta relação é ilustrada pela velha questão: haveria qualquer *som* causado pela queda de uma grande árvore numa floresta na qual não existisse nenhum organismo vivo? A resposta é: *fisicamente* haveria som (isto é, colisão de ondas no ar) mas *psicologicamente* não haveria som, uma vez que não há nenhum percebedor para ouvi-lo.

A atitude de "ciência pura" dominou a pesquisa no laboratório estruturalista. Titchener não se interessou pelas aplicações da psicologia aos processos conscientes da criança, à mente do anormal ou ao comportamento dos animais. Ao restringir deliberadamente o âmbito da investigação psicológica, Titchener, da mesma forma que Wundt, enfrentou o dilema que se apresentava à psicologia científica. A fim de introduzir o método de laboratório das ciências naturais na psicologia é preciso abandonar a investigação de muitos problemas não suscetíveis de controle experimental. Esse dilema é talvez o mais sério com o qual a psicologia atual se defronta, e ainda teremos mais a dizer sobre isso.

A psicologia estruturalista deixou de existir como uma escola distinta em meados de 1930. Entretanto, psicólogos treinados na cuidadosa tradição experimental de Wundt e Titchener exerceram uma influência significativa sobre o desenvolvimento da psicologia como ciência. Grande parte da atual pesquisa em psicologia sensorial reflete a primitiva ênfase do estruturalismo.

A Psicologia Funcionalista Americana

A psicologia funcionalista [4] dificilmente pode ser denominada "escola" no sentido estrito da palavra, sendo antes um protesto contra a psicologia experimental clássica de Wundt e Titchener. Nenhum psicólogo dominou o funcionalismo como Titchener dominou o estruturalismo. Dentre os mais influentes psicólogos funcionalistas estão William Jones, da Universidade de Harvard, J. R. Angell e John Dewey, da de Chicago, e J. McK. Cattell, E. L. Thorndike e R. S. Woodworth, da de Colúmbia. Embora não aderindo a nenhum programa estabelecido de investigação ou de teoria, os funcionalistas geralmente são unânimes em sua oposição ao âmbito estreito e restrito do estruturalismo, à artificialidade da introspecção de Titchener e à análise dos complexos estados de consciência em seus elementos sensoriais. Rejeitaram também a abordagem passiva do estudo do conteúdo da mente, perguntando o que a mente *faz* ao invés do que *é* a mente.

Adotando a noção de Darwin sobre a adaptação das espécies ao ambiente no decorrer de longos períodos de tempo, o funcionalismo sugeriu que a psicologia podia, de modo frutífero, estudar o contínuo processo de ajustamento do homem ao seu ambiente. Dessa forma o objeto da psicologia veio a ser a interação contínua entre o organismo e seu ambiente. Os objetos e pessoas no ambiente são percebidos pelo organismo que, então, reage ao e sobre o ambiente. A comunicação entre indivíduos na forma de conversação ou gestos nos dá um bom exemplo do processo. As *funções* mentais, tais como perceber, recordar e tomar decisões, servem assim ao propósito de ajustar o indivíduo ao seu mutável ambiente. Os homens ajustam-se mais eficientemente do que os animais porque podem comunicar-se

---

[4] O termo *funcionalismo* referia-se a um sistema de psicologia preocupada com as atividades ou *funções* da mente.

por meio da linguagem e possuem um sistema nervoso mais complexo, capaz de melhor memorização e maior variabilidade de comportamento. O homem educado tem melhor oportunidade de ajustar-se eficientemente do que aquele com pouca escolaridade formal. Essa preocupação com o ajustamento bem sucedido levou naturalmente os funcionalistas a apoiarem a aplicação da psicologia aos problemas práticos de comportamento da vida diária. O interesse histórico pela educação e ensino de crianças e sua preparação para a cidadania atraiu a atenção de muitos psicólogos dessa escola. A medida das diferenças individuais em capacidades e traços e suas implicações para o ajustamento bem sucedido na escola e no trabalho começou também a atrair o interesse da pesquisa. O "movimento dos testes mentais"[5] nasceu entre 1900 e 1910. Entre 1910 e 1920 os psicólogos encontraram seu lugar na indústria, onde começaram a estudar o efeito das condições ambientais, como por exemplo o barulho e a iluminação, sobre a eficiência no trabalho. Estes estudos, juntamente com a pesquisa sobre causa e redução dos acidentes industriais, marcou o início da "psicologia aplicada".

Diferentemente dos psicólogos da escola estruturalista, imbuídos do espírito da "ciência pura", aos funcionalistas foi mais fácil estender o domínio da psicologia para além das atividades mentais do ser humano, adulto e normal. A psicologia do anormal, investigando as causas e os sintomas da desordem mental, tornou-se reconhecido campo de investigação. Aumentou o interesse pelo estudo das influências sociais sobre o indivíduo e pelo comportamento dos grupos sociais. Dessa forma, outra das linhas históricas

---

[5] O primeiro teste de "inteligência" bem sucedido foi criado pelo psicólogo francês ALFRED BINET, em 1905. Revisões do teste de BINET logo foram elaboradas em outros países, particularmente nos E.U.A., onde os testes individuais de inteligência tiveram grande emprego antes da entrada dos norte-americanos, em 1917, na Primeira Guerra Mundial.

de investigação a respeito do comportamento humano foi incluída na cada vez mais ampla província da psicologia funcionalista.

Os psicólogos funcionalistas cujo interesse estava mais orientado para pesquisas de laboratório começaram a voltar-se para experimentos com animais, não se importando, naquele momento, com a discutida questão filosófica relativa a se os animais possuem mente ou não. Dessa forma, o funcionalismo caracterizou-se por sua tolerância, seus amplos interesses, sua flexibilidade e, talvez, por um entusiasmo ingênuo quanto às capacidades da psicologia para solucionar uma grande amplitude de problemas que atormentam o homem. Os funcionalistas estavam desejosos de atacar problemas de ajustamento onde quer que ocorressem e com qualquer metodologia disponível. Pode-se dizer que a atual diversidade de interesses práticos começou com os funcionalistas do início de 1900.

O Behaviorismo Americano

A característica dominante dessa escola, fundada por J. B. Watson (1878-1959), foi sua revolta contra o estado de coisas existentes na psicologia. Watson propôs o abandono não apenas do método introspectivo para estudar o conteúdo da consciência mas também da consciência e da mente como objetos de estudo adequados à investigação experimental. Insistia ele em que uma ciência de laboratório exige a observação e a medida de eventos objetivos. Para a psicologia isso significava comportamento ao invés de fenômenos mentais como sensações, imagens ou idéias. Watson afirmava que as várias funções da "mente" eram na verdade inferências extraídas da observação do comportamento. Assim, a descrição introspectiva como "vejo uma maçã vermelha que parece boa para comer" é, em si mesma, uma forma de comportamento. O "pensamento" de alguém pode ser conhecido pelos outros apenas através do que a pessoa

John B. Watson (Fabian Bachrach)

diz ou faz. O "conhecimento" de alguém só pode ser inferido através das perguntas a que responde, das tarefas que realiza ou dos problemas que é capaz de resolver, todos eles objetivamente mensuráveis. O uso que o homem faz da linguagem é, talvez, sua maior realização, mas mesmo isso pode ser considerado como uma espécie de comportamento altamente modelado e, como tal, passível de investigação. Se se deve estudar o comportamento humano a fim de se tirarem conclusões a respeito da mente do homem, então por que a psicologia não deveria concentrar-se sobre eventos mais fundamentais, principalmente as atividades do organismo no seu ambiente?

Deu-se ênfase ao estudo com animais, pois dessa maneira o cientista pode encontrar o comportamento em níveis muito mais simples do que nos seres humanos e, conseqüentemente, mais fáceis de serem investigados e compreendidos. Watson reconhecia a relação essencial entre comportamento e processos fisiológicos nos órgãos sensoriais, nervos, músculos e glândulas. Dessa forma ele recomendava que o psicólogo observasse e registrasse tais atividades corporais internas (por exemplo, pressão do sangue, pulsação) quando relevantes. Incluía também, para os sujeitos humanos, o "método do relato verbal", através do qual os observadores podiam registrar muitos dos julgamentos envolvidos nos estudos sensoriais da psicologia experimental clássica. É claro que para os psicólogos behavioristas o termo "comportamento" tornou-se de fato muito amplo, incluindo muito daquilo que havia sido objeto de preocupação dos psicólogos tradicionais. O comportamento pode ser estudado a partir dos seguintes pontos de vista: 1) tal como se apresenta, como a migração de animais, a aprendizagem de habilidades (por exemplo, esquiar, nadar, dançar), ou através dos sinais e gestos envolvidos na comunicação; 2) como indicativo de processos "mentais", por exemplo, o relato que a pessoa faz de sua percepção de um objeto, os passos envolvidos ao solucionar um problema ou ao tomar uma decisão, ou as razões de sua atitude para com a religião; 3) como a manifestação de processos fisiológicos subjacentes, tal como procurar alimento quando faminto, enrubescer, tremer, respirar fundo, ou entrar em pânico.

Completamente independente do behaviorismo americano, uma abordagem do estudo do comportamento humano e animal sem referência à mente estava se desenvolvendo na Rússia sob a liderança do eminente fisiólogo Ivan P. Pavlov

(1849-1936). Pavlov foi agraciado em 1904 com o Prêmio Nobel por suas pesquisas sobre a fisiologia da digestão, mas pouco tempo depois interessou-se pelo *reflexo condicionado* [6] como meio de estudar o processo de aprendizagem e inferir a natureza dos processos cerebrais envolvidos no controle do comportamento. Os experimentos de Pavlov levaram-no a investigar ainda o comportamento anormal ou "neurótico" produzido em seus animais de laboratório por certas condições de estimulação e resposta. Pavlov permaneceu fisiólogo, mas explorou princípios fundamentais que constituem a base de mudanças de comportamento e trouxe contribuições muito significativas para a psicologia. Em suas pesquisas e em seus escritos Pavlov rejeitava qualquer referência à mente ou aos processos mentais, procurando ao invés disso descobrir o funcionamento dos mecanismos e processos fisiológicos envolvidos no comportamento. De um ponto de vista histórico Pavlov estendeu, ao comportamento humano, a visão mecanicista-fisiológica do comportamento animal, defendida explicitamente por Descartes quase três séculos antes.

---

[6] Enquanto realizava pesquisas com cães, PAVLOV observou que a boca do animal ficava cheia de saliva não apenas à vista e cheiro do alimento, mas também do prato de comida vazio ou do serviçal que o alimentava, ou mesmo ao som de passos fora da sala na hora da alimentação. Concluiu que o reflexo salivar ("encher a boca de água") provocado normalmente pelo alimento na boca podia também ser eliciado pela vista ou por sons que acompanhavam ou precediam imediatamente o alimento. Começou a fazer experimentos para verificar se podia associar o reflexo salivar a vistas e sons que jamais haviam ocorrido junto com o alimento. Foi muito bem sucedido em causar o reflexo salivar com numerosos tipos de estimulação tais como focos de luz, tons produzidos por um diapasão, batidas rítmicas de metrônomo ou vibração de pequenos pontos na pele. PAVLOV realizou subseqüentemente numerosas pesquisas sobre este tipo básico de aprendizagem na qual um estímulo anteriormente neutro chega a provocar o comportamento reflexo. PAVLOV empregou a expressão *reflexo condicionado* ao reflexo que, desse modo, se tornou associado a um novo tipo de estimulação. Os psicólogos norte-americanos durante muito tempo preferiram a expressão *resposta condicionada*, uma vez que esse tipo de aprendizagem associativa não se limita apenas ao comportamento reflexo.

Deve ser observado, pois, que tanto os behavioristas americanos quanto os russos se propunham a rejeitar o dualismo cartesiano, pelo menos no que dizia respeito à ciência da psicologia. O *organismo* substituiria a *mente* como ponto de referência central para o psicólogo behaviorista. Esta sugestão foi considerada muito radical na época em que Watson a propôs pela primeira vez, em 1914, embora pontos de vista semelhantes tivessem sido anteriormente expressos por numerosos cientistas e filósofos.[7] Na verdade, podemos considerar (em retrospecto) a mudança de ênfase do *conteúdo* mental para a *atividade* mental, levada a cabo pelos funcionalistas, como uma transição do mentalismo ao behaviorismo em psicologia. Não foi senão um passo, embora dramático, das *atividades da mente* para as *atividades do organismo*.

Foi uma ênfase lógica para os psicólogos que procuravam explicar o comportamento atual do indivíduo em função de suas experiências anteriores. Por exemplo, a criancinha que recebeu injeções dolorosas do pediatra aprende a temer o consultório médico; o rato de laboratório que recebeu choques elétricos após entrar numa caixa brilhantemente iluminada em busca de alimento aprende a evitar essa caixa, ainda que esteja faminto. Estes primeiros estudos sobre a influência da aprendizagem na modelagem do comportamento evoluíram para um dos principais programas da psicologia experimental, a que procura dar respostas a perguntas sobre o que faz exatamente com que um indivíduo *aprenda* quando seu comportamento se modifica e como a modificação ocorre.

Unida a essa fé na importância da aprendizagem deu-se uma ênfase especial no papel do ambiente na modelagem das capacidades e traços, em detrimento da crença na influência da hereditariedade. Estas duas ênfases conduziram,

---

[7] O leitor deve consultar o artigo histórico de DISERENS publicado na *Psychological Review* em 1925 (7).

por sua vez, a um intenso interesse pela questão de como o comportamento se altera com a idade e, em conseqüência, ao estudo do crescimento e do desenvolvimento. Na sua discussão e investigação do desenvolvimento comportamental os behavioristas criticaram fortemente a doutrina dos instintos, realçando em seu lugar o papel do treinamento na formação de padrões de comportamento. Esta oposição aos instintos foi, por um lado, um reflexo da filosofia empirista que caracterizava os behavioristas e, por outro, uma conseqüência natural do seu apoio ao determinismo cultural.

Deve-se recordar que o conceito de instinto, tal como defendido há quarenta anos, era suscetível de críticas sob di-

IVAN PAVLOV (The Bettmann Archive)

versos aspectos. Em primeiro lugar, "instinto" era um termo mal definido e em relação ao qual havia pouca concordância, lembrando, às vezes, alguma força misteriosa dentro do indivíduo que iniciava e dirigia suas atividades. Não obstante, estudos sobre instituições sociais de diferentes culturas vieram mostrar enormes variações do comportamento, até então considerado "instintivo", indicando que muitos dos denominados instintos eram, na verdade, hábitos ou costumes sociais. Além disso, alguns instintos, como tossir, sugar ou engolir, pareciam melhor classificados como *reflexos;* outros, como as manifestações de fome, sede, sexo, pareciam menos misteriosos quando considerados como satisfação de *impulsos* biológicos. A noção de impulsos, incidentalmente, mostrou-se muito fértil em gerar pesquisas de laboratório sobre motivação desde a época em que os behavioristas declararam guerra ao conceito de instinto. Ainda que os behavioristas possam ter ido longe demais em sua oposição aos instintos, a maioria dos psicólogos atuais é muito cautelosa no uso do termo, especialmente quando aplicado ao comportamento humano.

É preciso deixar bem claro que os psicólogos behavioristas do século XX estavam adotando muitas das principais orientações dos filósofos empiristas dos dois séculos precedentes. Dentre os exemplos mais óbvios de semelhanças de abordagem entre os behavioristas e os primeiros empiristas estavam a ênfase sobre o desenvolvimento da criança, o determinismo ambiental, o papel da aprendizagem e a relação do comportamento com os mecanismos e processos fisiológicos internos do organismo biológico.

Embora as idéias de Watson fossem, de início, consideradas radicais pelos psicólogos mais importantes, sua abordagem e suas teorias foram gradualmente obtendo ampla aceitação. É verdade que ninguém hoje se denomina a si mesmo como "behaviorista", mas o "behaviorismo clássico" de Watson evoluiu para uma *Teoria do Comportamento* atual e muito mais sofisticada, conduzida por alguns dos mais proeminentes psicólogos experimentais dos E.U.A. A pesquisa dos teóricos do comportamento sobre aprendizagem, motivação e percepção constitui uma parte muito significativa da psicologia experimental contemporânea. Além disso, a maioria dos psicólogos começou a aceitar, nos últimos anos, a definição de psicologia (como ciência do comportamento) e os métodos objetivos de observação e medida propostos, em primeiro lugar, pelos behavioristas. Como uma "escola", o behaviorismo não mais existe há muito tempo, mas a psicologia deste meio século é predominantemente behaviorista nos E.U.A.

A Psicologia da Gestalt

Este movimento, alemão de origem e profundamente filosófico por tradição, da mesma forma que o behaviorismo americano, começou como um protesto contra as outras psicologias. As críticas dos gestaltistas foram dirigidas tanto aos estruturalistas como aos behavioristas e, geralmente, pelas mesmas razões. O ponto de vista filosófico da psicologia da Gestalt estava muito mais próximo da filosofia racionalista alemã, enquanto o estruturalismo e o behaviorismo eram descendentes do empirismo inglês.

Os gestaltistas argumentavam que o estruturalismo e o behaviorismo atribuíam ao ser humano um papel muito passivo, enfatizando demais a importância da estimulação e subestimando o papel desempenhado pelo próprio indivíduo. O homem não é nem um percebedor passivo, "registrando" meramente o mundo externo, nem um robô, respondendo automaticamente a todo estímulo do ambiente. Os gestaltistas, além disso, objetavam ao que consideravam como análise descritiva artificial adotada pelas escolas rivais. Os estruturalistas tentavam analisar percepções e idéias complexas e significativas em seus elementos mais simples, tais como sensação e imagens. O behaviorista, de modo semelhante, procurava analisar os atos de comportamento diário em unidades elementares de reflexo. Tal análise, insistiam os gestaltistas, é artificial e sem sentido, destruindo a qualidade peculiar dos complexos maiores. "O todo é mais do que a soma de suas partes", tornou-se o lema da psicologia da Gestalt. Um *pentágono*, por exemplo, constitui uma percepção ou conceito unitário, básico, e não é redutível a cinco linhas e cinco ângulos. A figura de uma *casa* não pode ser analisada como um mosaico de manchas cor-de-rosa (tijolos), brancas (madeiramento), cinzentas (telhados) e verdes (venezianas). Uma *melodia* é uma percepção única, identificável, e *não* apenas uma sucessão de notas musicais.

Embora os gestaltistas admitissem que a experiência consciente, que o homem tem do mundo que o cerca, deveria ser revelada através de suas palavras ou, em caso contrário, deduzida de seu comportamento, insistiam sobre a autenticidade e a importância da percepção, denominada por eles *experiência direta*. O termo refere-se à consciência cotidiana do mundo, do senso comum, percebida como cenas reais constituídas de objetos e pessoas. Esse tipo de experiência consciente apresentava um contraste enorme com as sensações puras, isoladas, de som e de cor, estudadas pelos estruturalistas. Por sua insistência em manter a experiência consciente na psicologia, os gestaltistas obviamente entraram em conflito com os behavioristas.

Embora os psicólogos da Gestalt representassem a filosofia racionalista em muito de sua teoria e de sua crítica às outras escolas, eles foram, não obstante, empiristas em sua insistência sobre a verificação de suas teorias através da pesquisa experimental. As contribuições positivas dos primeiros gestaltistas centralizaram-se em programas extensivos de pesquisa sobre percepção e em estudos pioneiros sobre o processo da aprendizagem — considerado como solução de problemas ou raciocínio e não como simples formação de hábitos ou condicionamento, tal como estudado por

Pavlov e pelos behavioristas americanos. Mais recentemente Kurt Lewin (1890-1947), um dos mais jovens gestaltistas, trouxe contribuições significativas para a psicologia da criança, para a psicologia social e para a teoria da personalidade. O nome de Lewin reaparecerá quando o estudante tornar-se familiarizado com esses tópicos em seus estudos posteriores de psicologia.

A Abordagem Psicanalítica de Freud

A última das "escolas" de psicologia a receber nossa atenção é a psicanálise freudiana. Sigmund Freud (1856-1939) é amplamente considerado como o psicólogo mais influente que viveu em nossa época. A psicanálise teve mais influência sobre a arte, a literatura e a arte dramática do que qualquer outra teoria psicológica na história. Revolucionou a psiquiatria (por algum tempo, pelo menos). Finalmente, é mais conhecida (ainda que não completamente compreendida) e mais entusiasticamente recebida pelo público do que qualquer outro sistema de psicologia. Na verdade, como foi anteriormente salientado, psicanálise e psicologia são sinônimos para o leigo. Essa confusão é parcialmente atribuída à imagem da psicologia apresentada ao público pela televisão e pelo cinema, mas reflete também o atrativo que a abordagem psicanalítica representa para o cidadão comum.

Freud começou como psiquiatra clínico, não como psicólogo, no sentido em que traçamos a história da ciência. Desapontado com a tradicional abordagem médica da neurologia e da fisiologia para o tratamento das desordens mentais, Freud voltou-se para uma abordagem mentalista e enfatizou a origem mental (ou "psíquica") de muitos aspectos do comportamento. De início, tentou tratar seus pacientes por hipnose, mas gradualmente evoluiu para o método de "conversação", o qual se tornou a essência da terapia psicanalítica.

Em termos de sua influência sobre o contexto principal da psicologia, a ênfase que a psicanálise deu aos aspectos "dinâmicos" — seu realce à motivação e ao conflito — deve ocupar o primeiro lugar. A chave para a compreensão do comportamento parecia estar no reconhecimento dos instintos, anseios e impulsos que fornecem a energia utilizada nas ações individuais. Liberação de energia, transferência de energia e fixação de energia são conceitos motivacionais básicos. Freud também destacou a importância das ansiedades e dos medos na modelagem do comportamento individual. A ênfase de Freud sobre a importância do *inconsciente* como fonte de motivos (freqüentemente desejos re-

SIGMUND FREUD (The Bettmann Archive)

primidos) e repositório de velhas lembranças foi outro aspecto significativo de sua abordagem para a compreensão do comportamento aparentemente irracional.

A experiência de Freud como psiquiatra clínico levou-o a crer que todas as pessoas são perturbadas uma vez ou outra pelas mesmas ansiedades, conflitos e frustrações que aparecem, em forma exagerada, nos pacientes desajustados. A diferença entre normalidade e anormalidade é assim, em grande parte, uma questão de grau. Mostrou as diferentes maneiras pelas quais os indivíduos habitualmente se ajustam ao conflito e à frustração, observando que tais maneiras são comportamentos comuns evidenciados freqüentemente na vida diária. Esses "mecanismos de defesa" tornaram-se uma parte aceita do repositório de conceitos psicológicos familiares a todos os estudantes de psicologia e a muitos leigos. Outra influência significativa da doutrina psicanalítica foi a ênfase que deu em considerar a primeira infância como um período crítico, que compreende estágios definidos e períodos de transição, na formação da personalidade. Freud acreditava que muitos desajustamentos dos adultos tinham suas origens nos conflitos e frustrações infantis. A ênfase de Freud sobre a sexualidade infantil foi das mais dramáticas, bem como uma das afirmações mais discutidas do início da psicanálise.

Não é de se surpreender que a psicanálise tenha sido a mais controvertida das "escolas" de psicologia do século XX. A abordagem freudiana, além de ter constituído um menosprezo por muito daquilo que fora o assunto tradicional da psicologia, propôs explicações diferentes e radicalmente novas para o comportamento. Dentro da psiquiatria, a rejeição, por parte de Freud, do tratamento neurofisiológico das desordens mentais despertou críticas e hostilidades dos neurologistas, as quais perduram até hoje. A baixa reputação de Freud entre os psicólogos de laboratório não encorajou a aceitação da psicanálise pelos psicólogos acadêmicos.

A atitude em relação a Freud expressa pelos psicólogos atuais depende em grande parte de seus interesses e atividades (ver a parte III deste volume). Psicólogos cuja orientação é a do cientista de laboratório tendem a ignorar ou criticar a abordagem psicanalítica. Por outro lado, aqueles que estão preocupados com o comportamento da criança, o comportamento social, o diagnóstico clínico, o tratamento de pacientes com desordens mentais ou o aconselhamento de clientes com problemas de ajustamento à vida diária de um modo geral apóiam as idéias de Freud. Psicólogos clínicos e orientadores, em particular, fazem freqüente uso dos conceitos e procedimentos psicanalíticos em sua prática. Parte do desacordo em relação à psicanálise diz respeito à controvérsia quanto aos méritos relativos da pesquisa de laboratório e da abordagem clínica do histórico de caso na investigação do comportamento. Algumas das atitudes divergentes sobre a questão estão, também, relacionadas com o debate contemporâneo dentro da psicologia entre aqueles que advogam a abordagem da "ciência pura" e aqueles que ressaltam a importância da psicologia "prática". Vamos falar alguma coisa a respeito desses métodos e pontos de vista nas duas seções seguintes.

Que é Psicologia: Um Resumo

Acabamos de concluir nosso levantamento da evolução histórica da psicologia moderna. Sua finalidade foi dar ao principiante algumas explicações e esclarecimentos acerca da situação atual da psicologia. Tentamos mostrar que a ampla e heterogênea província da psicologia contemporânea não deve ser considerada como uma indicação de caos e confusão, mas como produto da evolução histórica da investigação do homem a respeito de sua natureza. Não é surpreendente que esta antiga investigação tenha seguido

37

muitas direções e conduzido a uma multiplicidade de problemas, métodos de investigação e pontos de vista. As "escolas" do século XX representaram desacordos recentes e controvérsias teóricas, alguns dos quais ainda permanecem. Desacordo, todavia, não é necessariamente uma indicação de fraqueza ou inutilidade de esforços na indagação do homem para compreender a sua natureza. Todos os ramos da ciência moderna, incluindo as mais velhas e bem estabelecidas ciências como a física e a química, estão atualmente marcadas por significativas controvérsias teóricas.

Retornaremos brevemente às duas questões com as quais abrimos o capítulo. Atualmente é costume definir a psicologia como a *ciência do comportamento*, mas o termo comportamento é aplicado de forma muito extensa a ampla escala de atividades. Vimos que estas incluem: 1) atividades que são diretamente observáveis e registráveis (por exemplo, falar, dirigir um carro); 2) processos fisiológicos dentro do organismo (por exemplo, batidas do coração, respiração, alterações eletroquímicas que têm lugar nos nervos); e 3) processos conscientes de sensação, sentimento e pensamento (por exemplo, a sensação dolorosa de um choque elétrico, a identificação correta de uma palavra projetada rapidamente numa tela). Os psicólogos estão envolvidos na investigação do comportamento e, como conseqüência da compreensão adquirida, tentam predizer e influenciar o comportamento. O estudo do comportamento é feito tanto com seres humanos como animais, no laboratório e em situações da vida diária, nas escolas, hospitais e fábricas. Passemos agora para um exame dos métodos pelos quais os psicólogos investigam o comportamento.

PARTE II

OS MÉTODOS DE INVESTIGAÇÃO PSICOLÓGICA

A Necessidade de Métodos Precisos de Estudo

O psicólogo, especialmente quando no ensino, orientação e aconselhamento, enfrenta uma dificuldade peculiar pouco freqüente nas outras ciências e tecnologias. A dificuldade é a firme convicção da maioria das pessoas de que são "conhecedoras de psicologia". Quase todo mundo tem arraigadas noções a respeito da "natureza humana" e um alto grau de confiança (raramente justificada) em sua capacidade de "avaliar" as outras pessoas. Quando as nossas mais caras crenças a respeito do comportamento do nosso semelhante são modificadas ou contraditadas, a maioria de nós ou se torna intolerante ou rejeita a evidência contrária tachando-a de "teoria". Como salientou o psicólogo Carl Rogers, talvez a maior barreira à comunicação seja nossa tendência muito natural para avaliar (e, como conseqüência, aprovar ou desaprovar) as afirmações das outras pessoas (26). Não estamos muito dispostos a aceitar informação contrária aos nossos preconceitos e crenças pessoais.

Por exemplo, todos nós temos nossos jornais e colunistas favoritos e raramente nos preocupamos em ler os pontos de vista contrários. Esse obstáculo à comunicação é encontrado particularmente no principiante em psicologia, que traz para a sala de aula uma grande quantidade de convicções a respeito do comportamento humano adquiridas através dos muitos anos de convivência com outras pessoas. O autor de um livro de texto ou o professor enfrentam, então, não apenas a tarefa de apresentar os princípios de psicologia da maneira mais clara e interessante possível, mas também o conseqüente desafio de tentar alterar as opiniões e crenças já adquiridas pelos estudantes. O psicólogo como pesquisador — isto é, como um indivíduo que procura explicações para o comportamento — encontra outro obstáculo sério. É a indiferença geral, ou mesmo a oposição, à investigação científica, imparcial, do comportamento humano. Até mesmo indivíduos de grande instrução acham repugnante a idéia de "fazer o ser humano de cobaia" e podem acusar o psicólogo de degradar a dignidade do homem ou.de, grosseiramente, invadir a intimidade do indivíduo. Unida a esta hostilidade em relação à pesquisa controlada está a disseminada convicção de que as fontes tradicionais de crenças a respeito do comportamento são, afinal de contas, as mais dignas de confiança. Dentre as fontes familiares e bem conhecidas de informação podem ser citadas as seguintes: 1) Folclore — "Há um provérbio que poderia prever aquele comportamento!" 2) O apelo à autoridade intelectual, especialmente dos grandes filósofos — "Aristóteles sabia tanto a respeito da natureza humana quanto a psicologia moderna!" 3) Explicar o comportamento pelo "senso comum" — "Não é preciso ser um professor para saber que as meninas são melhores do que os meninos na aprendizagem da linguagem e da leitura!"; e 4) Experiência prática do ser humano — "Se você quer compreender o comportamento humano procure doutores, juízes, dirigentes de empresas e treinadores desportivos, que lidam com pessoas!" Há também o sentimento comum de que a natureza humana é inerentemente misteriosa e imponderável e, por isso, só pode ser abordada em termos da especulação de gabinete.

Essas abordagens populares e tradicionais à compreensão do comportamento têm falhas sérias que precisam ser ressaltadas devido à persistente atração que exercem sobre o público. Em primeiro lugar, o observador ou o informante geralmente está predisposto e por isso tende a ver e comunicar apenas aqueles eventos comportamentais que apóiam seu ponto de vista. Exemplos negativos são ignorados ou, talvez, inconscientemente esquecidos no relato dos acontecimentos. Uma vez que os eventos não são registrados na época de sua ocorrência, o relato subseqüente está sujeito a erros de memória e interpretação.

Outra das mais sérias limitações das abordagens informais ao comportamento humano é a de que as conclusões são extraídas, relativamente, de poucos casos. É óbvio que, se as pessoas observadas são atípicas ou não representativas da população em geral, podem ocorrer generalizações errôneas. Uma deficiência ainda maior de tais abordagens é a impossibilidade comum de fornecer suficiente lastro de informações. Pouco ou nada nos é relatado a respeito da situação específica na qual o comportamento ocorreu ou sobre as histórias passadas das pessoas nele envolvidas. Essa falha no relato impede-nos de fazer inferências válidas a respeito da "causa" do comportamento. Na melhor das hipóteses temos uma idéia *do que* aconteceu, mas não do *porque*. Por fim, e principalmente como uma conseqüência das dificuldades precedentes, é freqüente verificar-se que várias fontes de informação estão em desacordo. Enfrentamos a perturbadora questão de em quem acreditar quando autoridades igualmente experientes apresentam evidências opostas e incompatíveis.

A lista de afirmações transcritas a seguir fornece exemplos de "fatos" derivados das abordagens populares e tradicionais à psicologia e ilustra a maioria dessas deficiências.

ALGUMAS AFIRMATIVAS GERALMENTE ACEITAS A RESPEITO
DO COMPORTAMENTO. [8]

1 — O comportamento humano tem muito de instintivo.
2 — Apenas os seres humanos, e não os animais, têm capacidade para pensar.
3 — Aprendizes lentos recordam melhor o que aprendem do que aprendizes rápidos.
4 — As pessoas inteligentes formam a maioria de suas opiniões pelo raciocínio lógico.
5 — Um psicólogo é uma pessoa que foi treinada para psicanalisar pessoas.
6 — É possível avaliar uma pessoa com muita precisão através de entrevista.
7 — O estudo da matemática exercita a mente de tal maneira que a pessoa torna-se capaz de pensar mais logicamente quando se ocupa de outras disciplinas.
8 — As notas escolares têm pouca relação com o sucesso posterior em carreiras de negócios.
9 — Existe uma clara distinção entre a pessoa normal e a mentalmente doente.
10 — Os preconceitos são devidos, principalmente, à falta de informação.
11 — O aspecto mais importante para os empregados é o pagamento que recebem por seu trabalho.
12 — Quanto mais alto o indivíduo coloca seus objetivos na vida, maior a probabilidade de realizá-los e de ser mais feliz.

Como princípios gerais, baseados em nosso atual conhecimento do comportamento, nenhuma das afirmações ante-

---

[8] De *Introduction to Psychology* (2nd ed., 1961) de C. T. MORGAN. Copyright 1961, McGraw-Hill Book Company. Transcrito com permissão.

riores é verdadeira. Parece evidente que as abordagens informais à psicologia simplesmente não proporcionam uma compreensão adequada e precisa do comportamento. Os psicólogos modernos devem procurar métodos mais seguros de investigação.

As Relações entre Métodos e Problemas

Da mesma forma que os tópicos da investigação psicológica evoluíram através dos anos e se tornaram cada vez mais complexos e diversificados, assim também se desenvolveram os métodos e os procedimentos através dos quais os psicólogos exercem a prática e a pesquisa. Não existe nenhum método psicológico de exploração, da mesma forma como não existe nenhuma província claramente definida de investigação psicológica. As técnicas e procedimentos utilizados pelos psicólogos devem ser adaptados às áreas e problemas que estão sendo estudados. Uma vez que a ênfase e os interesses dos psicólogos de hoje são múltiplos, não deveríamos ficar surpresos ao constatar a diversidade de metodologias empregadas. Examinaremos agora os procedimentos formais através dos quais os psicólogos vêm tentando substituir as abordagens tradicionais e populares para compreender o comportamento.

Os Métodos Utilizados em Psicologia

As técnicas e procedimentos múltiplos empregados pelos psicólogos podem ser agrupados em três classes: 1) os métodos experimentais das ciências físicas; 2) os métodos de pesquisa de campo das ciências sociais; 3) os métodos clínicos de histórico de caso, adaptados da prática médica. Descreveremos brevemente cada um deles e daremos exemplos para ajudar o leitor a compreendê-los. Vamos familiarizar-nos com estudos que se utilizam dessas várias metodologias nos capítulos subseqüentes.

O Método Experimental

O Objetivo do Método Experimental

Ao procurar utilizar-se do método experimental o psicólogo está adotando a abordagem da ciência natural para a compreensão dos fenômenos. O objetivo básico dessa abordagem é descobrir as condições antecedentes necessárias para que um evento possa ocorrer. O meteorologista, por

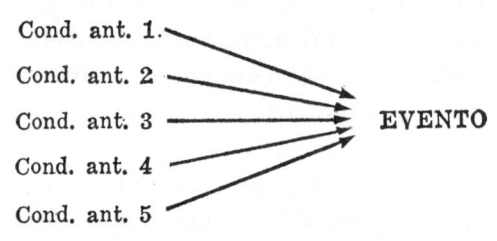

```
Cond. ant. 1
Cond. ant. 2
Cond. ant. 3  ─────▶  EVENTO
Cond. ant. 4
Cond. ant. 5
```

Diagrama 1. Representação esquemática das condições antecedentes que conduzem a um evento.

exemplo, pode especificar as condições de tempo que produzem os temporais de verão. Se o evento em que estamos interessados segue-se a diversos eventos ou condições precedentes, e desejamos descobrir qual destes está realmente associado ao evento em questão, devemos *experimentar* para obter a resposta.

A noção de experimentação envolve diversos conceitos e procedimentos básicos, mas em primeiro lugar vamos esclarecer por que razão é preferível empregar o método experimental onde este for possível. Se o cientista puder determinar com exatidão as condições precisas que levam a um evento, ele poderá prever a ocorrência desse evento antecipadamente. Dessa forma, o astrônomo pode prever eclipses, o engenheiro de foguetes pode prever a atuação de um míssil no espaço e, ainda que com muito menos precisão, o psicólogo de laboratório pode prognosticar o efeito da recompensa sobre a aprendizagem animal na solução de um problema. Se, além de *especificar* as condições antecedentes necessárias, for capaz de *produzi-las*, o cientista estará capacitado não apenas a predizer mas também a influenciar a ocorrência do evento. O engenheiro pode, assim, planejar mísseis cada vez maiores e mais velozes. Fornecendo recompensas e punições apropriadas, o psicólogo pode influenciar o comportamento do animal na situação de aprendizagem. O objetivo do cientista natural é compreender as relações causais envolvidas nos fenômenos que está investigando. O objetivo do psicólogo experimental é compreender as várias condições que modelam o comportamento de homens e animais. Uma vez que o comportamento humano é influenciado por condições antecedentes tão complexas e, freqüentemente, inter-relacionadas (por exemplo, a situação presente bem como a idade, a motivação, a experiência anterior e o estado emocional do indivíduo), a tarefa do psicólogo experimental é, sem dúvida, enorme.

O Controle e a Medida das Variáveis

O objetivo do experimentador é descobrir as condições antecedentes *relevantes* que são significativas para a ocorrência do evento em questão. Para realizar esse objetivo, ele deve exercer *controle* sobre todas as condições possivelmente relevantes a fim de descobrir quais estão de fato relacionadas com o evento. O termo *controle* significa aqui tanto a variação sistemática da condição como o fato de mantê-la constante. O experimentador deve identificar as condições que se propõe estudar e, então, proceder às operações de controle experimental a fim de verificar como tais condições influenciam o fenômeno que está investigando. As condições consideradas responsáveis pela ocorrência do evento e que estão sob controle do experimentador são conhecidas como *variáveis independentes*. O evento, fenômeno, ou acontecimento que tem lugar ou é afetado pelas variações das variáveis independentes é denominado *variável dependente*. Esta relação é representada esquematicamente no Diagrama 2, que mostra as condições antecedentes quer quando mantidas constantes (CC) quer quando variadas (VI). O evento em estudo está indicado como VD.

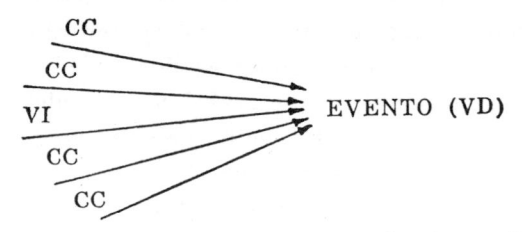

```
      CC
    CC
  VI        ────►  EVENTO (VD)
    CC
      CC
```

Diagrama 2. Representação esquemática das variáveis dependente e independente.

Nos experimentos psicológicos a variável dependente é quase sempre alguma forma de comportamento. Embora o organismo seja capaz de muitas formas de comportamento, o experimentador está preocupado apenas com um tipo muito específico de atividade. A fim de especificar o aspecto particular do comportamento em estudo a variável dependente em psicologia é geralmente denominada *resposta*. O conceito de resposta abrange não só um tipo particular de atividade (por exemplo, uma palavra ou movimento), mas também algo *mensurável* (por exemplo, em magnitude, duração ou freqüência). Para facilitar a definição e medida precisas das variáveis independentes, os termos *estímulo*, condição de estímulo ou dados do estímulo são empregados freqüentemente. No laboratório psicológico o experimentador apresenta, comumente, um *estímulo* (ou sucessão de estímulos) como luzes, tons, objetos para serem comparados ou palavras para serem identificadas e a pessoa que serve como *sujeito* do experimento *responde* ao estímulo (por exemplo, relata o que vê, ouve, faz julgamentos a respeito do tamanho ou formas dos objetos, dá o significado de palavras).

Exemplos de variáveis independentes ou estímulos num experimento sobre tempo de reação poderiam ser a natureza do estímulo físico (por exemplo, som ou pressão aplicada à pele) e a intensidade dos estímulos. A variável dependente poderia ser o tempo que o sujeito leva para fazer um movimento com o dedo ou pronunciar uma palavra. Um psicólogo, ao planejar um experimento a respeito de algum aspecto do comportamento, deve fazer o seguinte: 1) identificar precisamente as variáveis independentes que pretende estudar; 2) decidir quais delas irá manipular (variar) e quais manterá constantes; 3) decidir como e em que medida irá manipular as condições variáveis (estímulos variáveis); 4) especificar uma ou mais respostas como variável (variáveis) dependente(s) e determinar como ela(s) será (serão) medida(s). O controle, a manipulação e a medida das variáveis experimentais são melhor executados no laboratório, que proporciona proteção contra os estímulos distrativos e irrelevantes (por exemplo, barulho, outras pessoas) e permite ao investigador a utilização de aparelhos complexos para a apresentação dos estímulos e medida das respostas. Note-se, entretanto, que o uso de técnicas de laboratório introduz uma atmosfera de artificialidade, em geral muito diferente das situações comportamentais da vida diária.

A pesquisa experimental é dificultada pelo fato de as variáveis independentes que afetam o comportamento incluírem não apenas características da situação estimuladora, como intensidade, duração, número, localização e movimento dos estímulos empregados, mas também características do indivíduo sob observação (o sujeito), tais como idade, sexo, inteligência, prática anterior e estado motivacional. Assim, as variáveis dependentes (respostas) são em geral influenciadas conjuntamente tanto pelas variáveis dos estímulos (ou aspectos da situação ambiental) como pelas condições variáveis internas do sujeito no decorrer do experimento.

Essas variáveis do sujeito ou variáveis pessoais são peculiarmente difíceis de controlar e tornam a tarefa do psicólogo experimental bem mais complicada. Esta é a razão das grandes diferenças, comumente verificadas nos experimentos psicológicos, entre as respostas de diferentes sujeitos. Os dois tipos de variáveis independentes e as formas principais das respostas (variáveis dependentes) estão esquematicamente representadas no Diagrama 3.

Variáveis ambientais	*Variáveis internas do sujeito*	*Variáveis dependentes*

Ambiente Físico (Luzes, sons, etc.)
Ambiente Social (Presença de outras pessoas)
Recompensa ou Punição
Tarefa de Laboratório
Etc.

Idade
Sexo
Inteligência
Nível de Prática
Motivação
Fadiga
Etc.

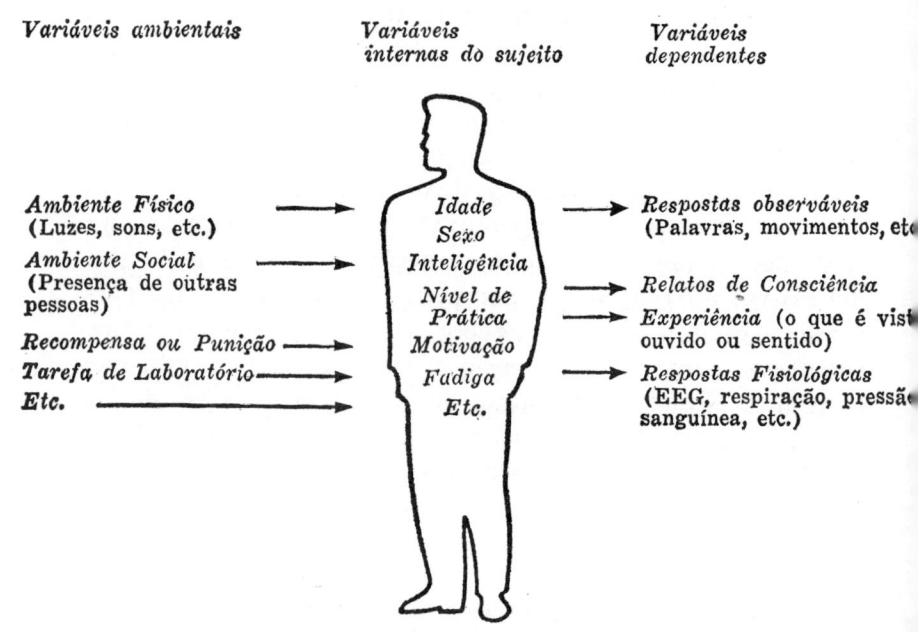

Respostas observáveis (Palavras, movimentos, etc)
Relatos de Consciência
Experiência (o que é visto, ouvido ou sentido)
Respostas Fisiológicas (EEG, respiração, pressão sanguínea, etc.)

Diagrama 3. Variáveis independentes e dependentes em experimentos psicológicos.

Uma vez que as condições antecedentes que influenciam o comportamento tenham sido identificadas experimentalmente, o próximo objetivo da pesquisa de laboratório em psicologia é determinar a natureza das relações entre variáveis independentes e dependentes. Tais relações, quando estão firmemente estabelecidas através de repetidos experimentos, são algumas vezes denominadas "princípios" ou "leis", como em outras ciências, significando que o comportamento em questão está regularmente relacionado a variáveis específicas. Seguem-se exemplos de algumas relações bem estabelecidas em psicologia: 1) A acuidade visual é uma função do grau de iluminação; 2) a diferença apenas perceptível entre dois estímulos é uma função das magnitudes absolutas dos dois estímulos que estão sendo comparados; 3) a rapidez com que um animal aprende é uma função (positiva) da quantidade de recompensa que ele recebe e uma função (negativa) da demora na apresentação dessa recompensa; 4) a quantidade de material recordado após a aprendizagem original é uma função tanto do grau da aprendizagem original como do grau da "superaprendizagem" (i.é., a prática além do perfeito domínio); 5) a quantidade de material recordado após a aprendizagem original é uma função do método pelo qual a recordação é medida,[9] e 6) a quantidade de material recordado é uma função da quantidade e do tipo de atividade interveniente entre a atividade original e o teste de memória. Três relações típicas são mostradas graficamente nas Figuras 1-3. O estudante ficará familiarizado com numerosos exemplos de tais relações funcionais nas outras seções.

---

[9] A quantidade de material recordado é maior quando medida pelo reconhecimento, um pouco menor quando medida pelo tempo para reaprender, e ainda menor quando medida pela recordação sem auxílio.

49

A Prova Experimental de Hipóteses

O pesquisador de laboratório raramente realiza um experimento baseando-se apenas num "palpite" [10]. Pelo contrário, geralmente ele faz uma suposição razoável quanto às con-

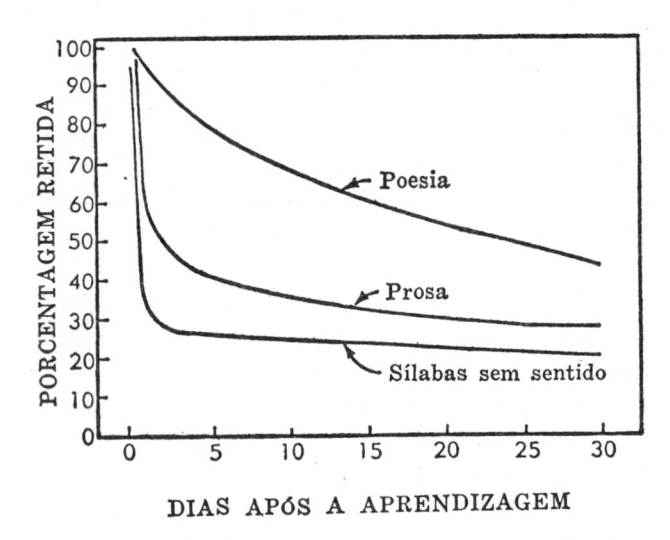

Fig. 1 — *Retenção (memória) como uma função do tipo de material aprendido.* Do livro General Psychology, de Guilford, 2nd edition, Copyright 1952, D. Van Nostrand Company Inc., Princeton, N. J.

dições antecedentes relevantes e, possivelmente, também quanto às relações funcionais das mesmas com o comportamento em questão. Em suma, ele realiza o experimento a fim de responder a certas questões específicas ou para confirmar (ou rejeitar) *hipóteses*. É sempre conveniente, exceto na pesquisa exploratória, especificar claramente em primeiro lugar a hipótese que está sendo testada num es-

---

[10] É verdade que em psicologia, da mesma forma que em outros campos, algumas vezes descobertas surpreendentes originaram-se de experimentos de "palpite", mas a plausibilidade de sucesso era provavelmente maior no início da psicologia experimental, quando algumas das relações evidentes eram desconhecidas.

tudo experimental. A seguir apresentamos alguns exemplos de hipóteses que levaram os psicólogos à realização de extensas pesquisas de laboratório: 1) A recompensa é mais efetiva na maioria das situações de aprendizagem do que a punição; 2) o material educacional apresentado visualmente é melhor recordado do que aquele apresentado auditivamente; 3) aprendizes rápidos recordam melhor o que

TENTATIVAS DE TREINO

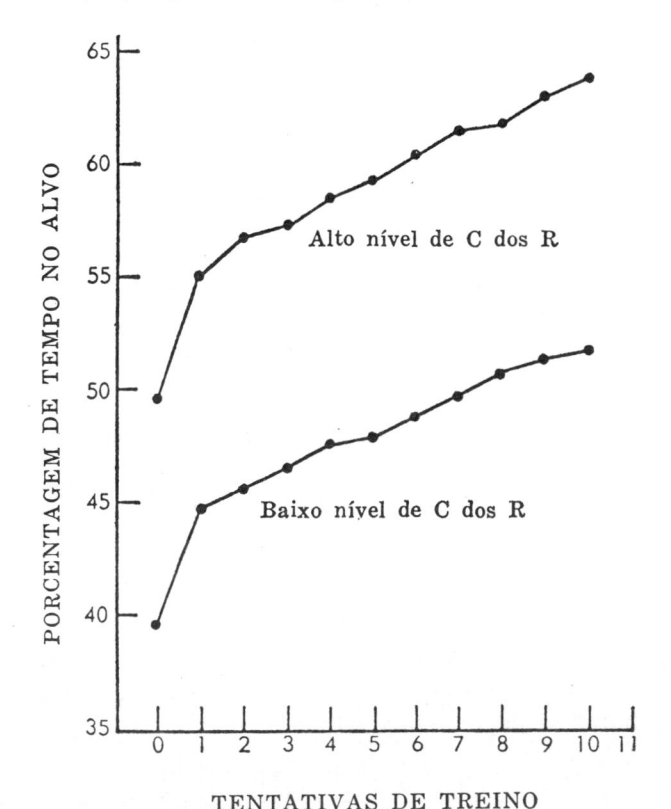

Fig. 2 — *Desempenho de tarefa com a compensação de erros como função do conhecimento dos resultados fornecidos durante o treinamento. De Smode, A. F., "Learning and Performance in a Tracking Task under Two Levels of Achievement Information Feedback",* Journal of Experimental Psychology, *1958, vol. 56, pp. 297-304. Copyright 1958 da American Psychological Association. Reproduzido com permissão.*

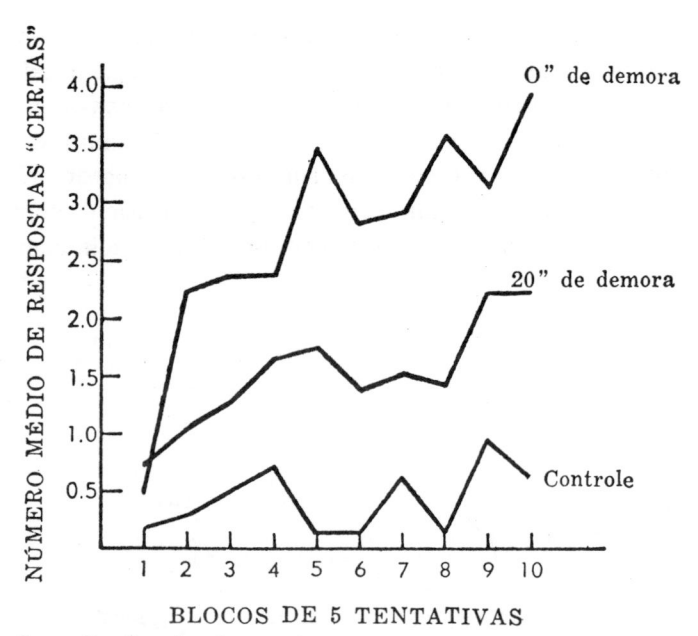

Fig. 3 — Realização de tarefa como função da demora no conhecimento dos resultados fornecidos durante o treinamento. De Greenspoon, J., e Foreman, S., "Effect of Delay of Knowledge of Results on Learning a Motor Task", Journal of Experimental Psychology, 1956, vol. 51, pp. 226-228. Copyright 1956 da American Psychological Association. Reproduzido com permissão.

aprenderam do que aprendizes lentos; 4) o esquecimento é devido mais a atividades intervenientes entre a aprendizagem original e o teste de retenção do que à mera passagem do tempo; 5) os efeitos prejudiciais dos ruídos sobre o rendimento humano dependem da tarefa ou atividade particular que está sendo executada; 6) a aprendizagem de habilidades motoras progride mais rapidamente se ao aprendiz é proporcionado um *feedback* quanto à qualidade de sua realização (por exemplo, número de erros em cada tentativa).

Deve-se salientar que as hipóteses nem sempre são confirmadas pelos resultados do experimento. Muitas relações previstas não são confirmadas ou são limitadas a condições muito específicas, tais como a tarefa envolvida, os métodos utilizados e os sujeitos que serviram para a investigação.

À medida que os psicólogos experimentais acumulam mais princípios provisórios e estabelecem relações, a fonte das hipóteses torna-se muito mais teórica e sofisticada. Os psicólogos estão atualmente desenvolvendo sistemas e modelos teóricos dos quais as hipóteses são derivadas por dedução lógica. Nesse nível avançado da ciência teórica o papel da experimentação é, principalmente, o de verificar ou rejeitar as hipóteses geradas pelo modelo, quer apoiando a teoria quer salientando a necessidade de sua revisão. Não é propósito de um capítulo introdutório tratar esse tipo de prova da teoria em detalhe. [11]

As Vantagens do Método Experimental

É óbvio que a experimentação, quando possível, oferece diversas vantagens. A não menos importante delas é a possibilidade de ser repetida e, conseqüentemente, verificada quer pelo investigador original quer pelos colegas cépticos. A razão principal pela qual os psicólogos não aceitam a validade de percepção extra-sensorial (P.E.S.) é o fracasso em obter-se confirmação da P.E.S. no laboratório de psicologia. A replicabilidade dos resultados é um critério básico de confiança em qualquer método de pesquisa. Além disso, o método experimental oferece a melhor oportunidade de identificar os fatores causais que conduzem aos fenômenos comportamentais. Uma ampla variedade de situações pode ser confrontada quanto à presença ou ausência dessas condições relevantes. Na medida em que elas estiverem pre-

---

[11] Alguns livros de texto introdutórios apresentam uma discussão mais sofisticada do papel das teorias e modelos em psicologia. Entre estes estão KIMBLE e GARMEZY (18), KENDLER (17) e ISAACSON, HUTT e BLUM (13).

sentes, o psicólogo pode generalizar suas descobertas bem mais amplamente do que lhe seria possível a partir da mera observação de que o comportamento ocorreu, sem qualquer conhecimento das condições antecedentes relevantes. Além do mais, programas de experimentos associados podem ser levados a cabo de forma que proporcionem um corpo coordenado de descobertas que, por sua vez, podem ser usadas para derivar teorias e modelos dos quais são geradas novas hipóteses e se realiza a verificação experimental. Dessa maneira, pode verificar-se um corpo mais sólido de conhecimentos e o progresso da ciência.

As Limitações do Método Experimental

Sem negar as evidentes vantagens da pesquisa de laboratório em psicologia, devemos reconhecer que importantes limitações restringem seu emprego e reduzem seu valor para as ciências do comportamento no presente estágio do seu desenvolvimento. Em primeiro lugar, muito do comportamento humano significativo não é suscetível à investigação experimental. Simplesmente não é possível identificar e controlar todas as variáveis pertinentes que influenciam o comportamento de crianças na escola ou dos trabalhadores industriais no emprego, ou, ainda, dos eleitores numa eleição presidencial. Outra limitação origina-se da natureza necessariamente artificial dos experimentos cuidadosamente controlados de laboratório. As descobertas experimentais podem não aplicar-se a situações práticas da escola, da clínica ou do mercado. Por exemplo, os resultados dos experimentos de laboratório sobre a influência do barulho na realização de uma tarefa nem sempre levam a um trabalho mais eficiente na fábrica. Na situação acima, os efeitos dos ruídos dependem em grande parte da tarefa específica e, em parte, do trabalhador e do "clima psicológico" do local de trabalho. Tal evidência relativa à complexa causação do comportamento humano cria apenas mais dificuldades e problemas que desafiam o psicólogo experimental; ainda assim, ele raramente considera tais questões como "imponderáveis".

Mesmo no laboratório é difícil, por vezes impossível, identificar todas as condições que podem estar significativamente relacionadas com o comportamento em estudo. A motivação dos sujeitos é, sabidamente, difícil de ser controlada e as instruções do experimentador podem ser interpretadas de maneiras diferentes por diferentes sujeitos. Conseqüentemente, nem todos os sujeitos respondem da mesma maneira à introdução da mesma condição. Finalmente, a experimentação exige tempo e engenhosidade. O ataque a muitos problemas comportamentais não pode simplesmente esperar o resultado de estudos cuidadosamente controlados de laboratório. Devido a tais limitações do método experimental, o psicólogo verificou ser necessário suplementar a pesquisa de laboratório com outros métodos de investigação. Contudo, antes que nos voltemos para esses outros procedimentos, vejamos três exemplos de experimentos de laboratório.

Um Experimento com Animais: O Comportamento de Alimentar-se Pode ser Modificado pelo Treinamento

Muitas pesquisas recentes indicaram importantes relações entre motivação e aprendizagem. Não apenas os seres humanos e os animais aprendem mais rapidamente quando recompensados, mas muito da motivação é aparentemente um produto da aprendizagem ou, pelo menos, fortemente influenciado pela aprendizagem. A evidência mais óbvia para esta última afirmação é a de que os animais e os homens aprendem prontamente a evitar situações nas quais foram "punidos" ou receberam estimulação dolorosa. Assim, o animal de laboratório aprende rapidamente a se afastar do local onde recebeu um choque elétrico; a criancinha adquire uma aversão pelos consultórios médicos onde recebeu "picadas"; o motorista evita uma cidade na qual foi detido por excesso de velocidade.

Mais difícil é demonstrar a influência da aprendizagem sobre a motivação positiva (por exemplo, a satisfação de um impulso biológico como a fome). Um experimento recente de J. H. Wright (31), na Universidade de Virgínia, prova que os hábitos alimentares dos ratos brancos podem ser modificados por treinamento especial. Este pesquisador testou a hipótese de que, se a comida fosse oferecida aos ratos num certo tipo de caixa quando estes estivessem saciados (isto é, logo após terem sido alimentados) e num outro tipo de caixa completamente diferente quando famintos, eles desenvolveriam o hábito de comer pouco na primeira caixa e muito na última. O teste crítico da hipótese seria a quantidade de alimento consumida em ambas as caixas (após o treinamento prévio) quando moderadamente fa-

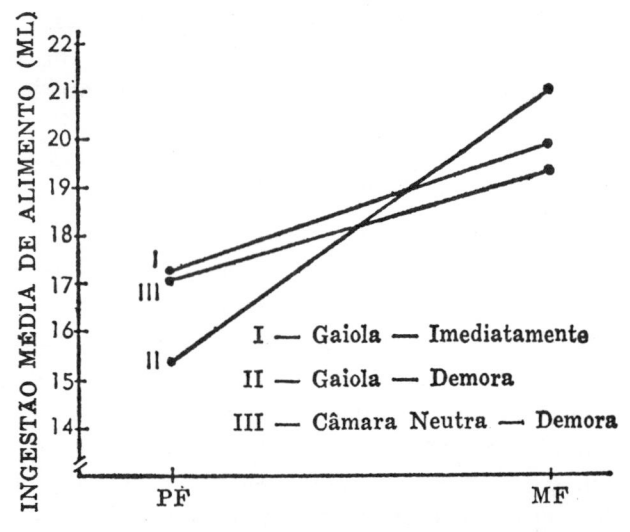

NÍVEL DO IMPULSO NO TREINAMENTO

Fig. 4 — *Ingestão de alimento como função do treinamento sob condições de impulso de pouca fome e muita fome. De Wright, J. H., "Test for a Learned Drive Based on the Hunger Drive",* Journal of Experimental Psychology, *1965, vol. 70, pp. 580-584. Copyright 1965 da American Psychological Association. Reproduzido com permissão.*

mintos. O procedimento experimental requeria que um grupo de animais tivesse acesso à comida em 24 ocasiões, durante uma hora cada vez, por um período de 36 dias, numa caixa branca quando não famintos (isto é, uma hora após a alimentação); e noutras 24 ocasiões lhes fosse dado alimento numa caixa preta quando muito famintos (isto é, 20 horas após a alimentação). Com um segundo grupo de animais adotou-se o mesmo procedimento, à exceção da caixa, que era preta para a condição de pouca fome e branca para a de bastante fome. Mais tarde foram dados aos animais períodos de alimentação de uma hora em ambas as caixas (em dias diferentes), num grau intermediário de fome (isto é, 11 horas depois de alimentados). Na verdade, Wright dividiu seus animais de ambos os grupos em três subgrupos para finalidades que não interessa comentar aqui. Os animais de ambos os grupos principais e dos três subgrupos consumiram mais alimento na caixa que foi utilizada na condição de bastante fome do que na caixa que foi associada com pouca fome. Os animais de todos os três subgrupos mostraram as mesmas tendências para a alimentação nas duas caixas, como mostra o gráfico da página anterior.

A análise estatística das quantidades de alimento ingeridas nas caixas de muita fome e pouca fome revelou que as diferenças foram significantes dentro de um grau de probabilidade de 0,001 (isto é, para esse número de sujeitos uma diferença desse tamanho ocorreria, por acaso, apenas uma vez em mil).

Independentemente, pois, do grau de fome, esses animais adquiriram o hábito de alimentar-se mais em uma situação do que em outra! Experimentos desse tipo demonstraram que, mesmo impulsos biológicos básicos como a fome, são suscetíveis de modificação pelo treinamento. Muito resta ainda a ser descoberto em relação aos efeitos da aprendizagem sobre os motivos de homens e animais.

Outro Experimento com Animais: Pode a Resistência à Tensão Ser Aprendida?

Ratos famintos aprendem rapidamente a percorrer um caminho a partir de um ponto inicial se no final são recompensados com alimento. Todavia, se recebem choques dolorosos quando atingem o fim do trajeto, os ratos deixam de correr ou evitam o final do caminho. Recompensar com alimentos e punir com choques ao mesmo tempo produz nos animais tendências simultâneas de aproximação e esquiva no final do trajeto. N.E. Miller, da Universidade de Yale, procurou verificar se os animais poderiam ser ensinados, através da exposição gradual a choques cada vez mais fortes, a persistir em sua caminhada em direção ao final do trajeto para o alimento mesmo quando continuadamente recebessem choques juntamente com a recompensa de alimento (22). Pode a tolerância à "tensão" ser estabelecida através do treinamento?

Um grupo de ratos albinos foi treinado a percorrer um trajeto de aproximadamente dois metros e meio em direção à recompensa de alimento; o treinamento prolongou-se até que cada animal atingisse uma velocidade estável de corrida. Dividiu-se em seguida o grupo em dois e os animais foram emparelhados quanto à velocidade de corrida. Aos animais de um grupo foi então aplicado um choque suave após cinco tentativas por dia, sendo a intensidade do choque gradualmente aumentada por um período de 15 dias. Embora a velocidade da corrida se tornasse um pouco mais lenta e os animais mostrassem sinais de perturbação no comportamento, eles continuaram a perseguir o objetivo e comer a bolota de alimento mesmo quando o choque era aplicado em todas as tentativas. Este grupo foi denominado grupo "Gradual", uma vez que a intensidade do choque foi aumentada gradualmente durante um período de 15 dias.

Os animais do segundo grupo percorreram também o trajeto cinco vezes por dia durante o período de 15 dias, mas nunca receberam um choque na caixa onde se alimentavam. Este grupo foi chamado de grupo "Repentino" porque no décimo-sexto dia os animais do mesmo receberam, em cada tentativa, um choque da mesma intensidade a que os outros animais foram gradualmente habituados. A partir do décimo-sexto dia, os animais de ambos os grupos realizaram cinco tentativas por dia durante quatro dias, recebendo a intensidade máxima do choque em cada tentativa. A comparação dos resultados do comportamento de corrida é mostrada graficamente na Figura 5. Observe-se que

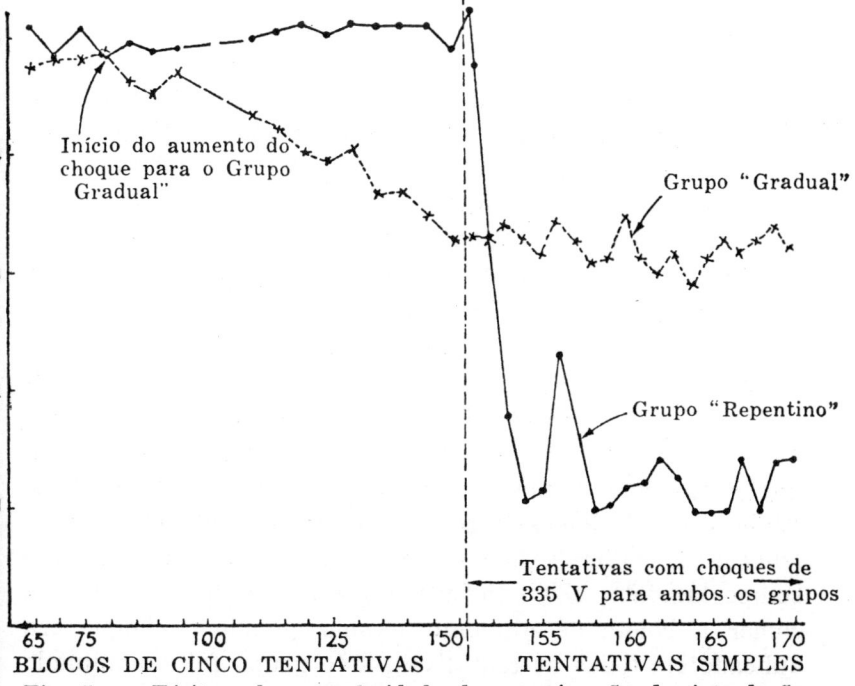

Fig. 5 — *Efeito sobre a velocidade de aproximação da introdução gradual versus repentina do choque elétrico no alvo. De Miller, N. E., "Learning Resistance to Pain and Fear: Effects of Overlearning, Exposure, and Rewarded Exposure in Context". Journal of Experimental Psychology, 1960, vol. 60 pp. 137-145. Copyright 1960 da American Psychological Association. Reproduzido com permissão.*

O comportamento de corrida do segundo grupo de animais foi drasticamente perturbado pela súbita introdução do choque doloroso, enquanto que o grupo gradualmente habituado continuou a percorrer o trajeto e a atingir o objetivo numa velocidade razoavelmente estável. Estes animais foram, obviamente, capazes de "resistir" melhor do que os animais do outro grupo.

Num experimento de controle aplicou-se a um grupo de animais séries semelhantes de choques cada vez mais intensos *fora* do trajeto e, portanto, não envolvendo uma situação de recompensa-punição. Quando testados na situação de conflito, esses animais comportaram-se semelhantemente a um grupo de controle sem choque e mais pobremente do que aqueles que tinham sido habituados aos choques na situação de treinamento recompensada. Aparentemente a mera exposição aos choques não melhorou a resistência à tensão na situação de conflito. O leitor poderia exclamar: "Tudo isso poderia ser previsto a partir do senso comum!" Mas as predições do senso comum nem sempre (ou mesmo ordinariamente) são confirmadas pelos resultados do laboratório. Podia-se prever com igual segurança que num certo grau de intensidade do choque o motivo para evitar a dor se tornaria mais forte do que o motivo fome e os animais evitariam a caixa de alimento a partir de então. Seria interessante perguntar se resultados semelhantes seriam obtidos com sujeitos humanos. A noção de que a resistência à tensão pode ser aumentada pelo treinamento é, de fato, excitante.

Um Experimento com Seres Humanos: A Retenção após
Intervalos Iguais de Sono e Vigília

Os experimentos sobre memorização começaram em 1880 com os estudos pioneiros de Hermann Ebbinghaus (1850-1909), psicólogo alemão. Ele decorava listas de palavras e testava sua retenção após intervalos de tempo variados (8). A fim de conseguir muitas listas de palavras de dificuldade comparável, Ebbinghaus criou as *sílabas sem sentido,* um tipo de material que desde então tem sido intensivamente empregado em experimentos sobre aprendizagem humana. O tipo mais comum de sílabas sem sentido empregado em pesquisa pelos psicólogos americanos é o *trigrama,* constituído por consoante-vogal-consoante (algumas vezes denominado um "CVC"). Exemplos de CVC são DAJ, VAF, NEJ, e RUV. Outra vantagem da utilização de sílabas sem sentido em estudos de aprendizagem decorativa ("de cor") é o fato de que elas podem variar em grau de significado e são de dificuldade aproximadamente igual para todos os sujeitos que se submetem ao experimento. A partir dos primeiros experimentos de Ebbinghaus houve muita pesquisa para determinar a natureza dos processos da aprendizagem e do esquecimento. Ebbinghaus descobriu que a quantidade de material recordado (ou esquecido) é uma função do tempo decorrido a partir da aprendizagem original (Ver Figura 6).

O senso comum sugeriria, então, que a causa principal do esquecimento é a passagem do tempo. Esta noção foi contestada por muitos psicólogos e um experimento realizado há muitos anos por Jenkins e Dallenbach, da Universidade de Cornell, ilustra muito claramente o uso do método experimental para testar hipóteses relativas ao comportamento humano (15). Acreditando que o grau de atividade ao qual o sujeito se dedica entre a aprendizagem original e o teste subseqüente de memória é um determinante importante do esquecimento, esses experimentadores compararam a retenção após vários períodos de sono e vigília.

Dois estudantes universitários serviram como sujeitos experimentais e cooperavam com os investigadores dormindo numa sala próxima ao laboratório de forma que fosse possível a realização de sessões de aprendizagem e sessões de teste tanto diurnas como noturnas. Várias listas de sílabas sem sentido foram preparadas, com dez palavras cada uma. Durante o período de aprendizagem as sílabas eram apre-

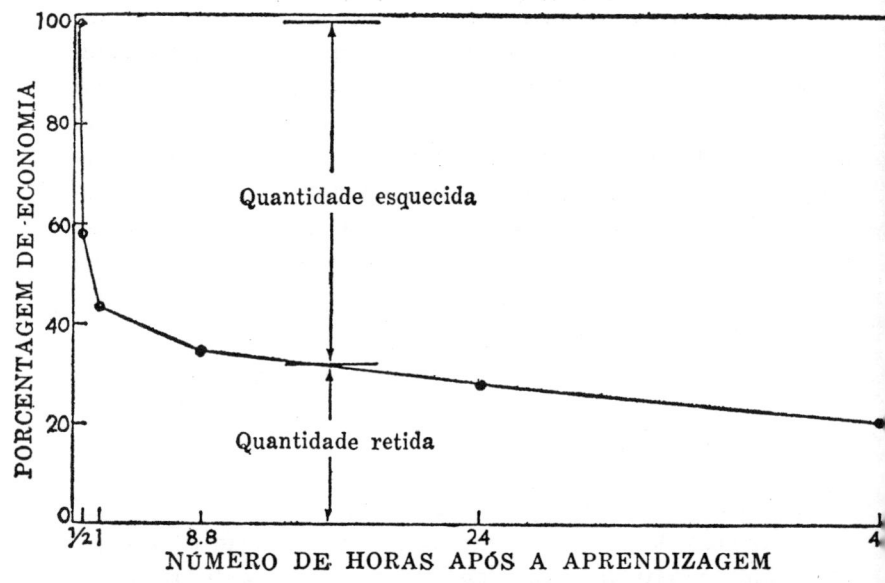

Fig. 6 — *Uma curva típica de retenção, ilustrando a relação recíproca entre retenção e esquecimento. Os dados são de Ebbinghaus. A retenção foi medida através do número de tentativas economizadas para reaprender listas de palavras sem sentido no fim de cada um dos intervalos de tempo indicados a partir da aprendizagem original. Baseado em* Memory: A Contribution to Experimental Psychology, *de Hermann Ebbinghaus, traduzido [para o inglês] por H. A. Ruger e Clara E. Bussenius, Bureau of Publications, Teachers College, Columbia University, 1913. Páginas 68-73.*

sentadas em breves exposições e o sujeito pronunciava cada sílaba quando a percebia. Depois que as dez palavras de uma lista eram apresentadas, o sujeito tentava recordar as palavras em ordem. A prática terminava depois que o sujeito conseguia recordar todas as palavras na ordem correta. Algumas sessões de aprendizagem foram realizadas de manhã, entre 8 e 10 horas, e outras à noite, entre onze e meia e uma da madrugada. Na aprendizagem noturna o sujeito deveria estar preparado para deitar-se e aprender a lista pouco antes de recolher-se. As sessões de aprendizagem diurna eram seguidas pelas atividades costumeiras do dia. Foram planejados testes de recordação com intervalos de uma, duas, quatro e oito horas após a aprendizagem. Assim, às vezes o sujeito passava o período de retenção dormindo e outras vezes dedicava-se à atividade diária. Os resultados do experimento são mostrados na Figura 7. Observa-se que a recordação é muito melhor após um período de sono do que após um período equivalente de vigília. Dessa forma, a hipótese foi confirmada, uma vez que o esquecimento ocorreu não como mera função da quantidade de tem-

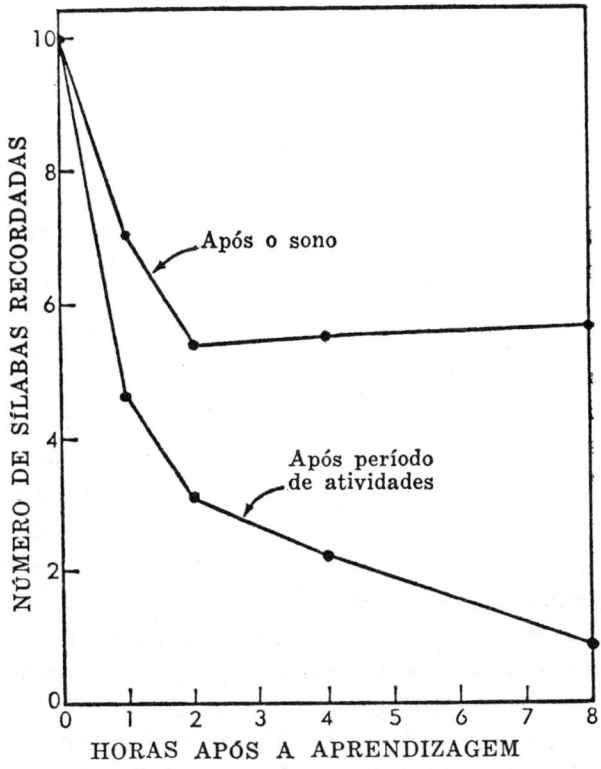

Fig. 7 — *Retenção após intervalos iguais de sono e vigília. De Jenkins, J. G., e Dallenbach, K. M., "Oblivescence during Sleep and Waking", The American Journal of Psychology, 1924, vol. 35, pp. 605-612. Reproduzido com permissão.*

po após a aprendizagem original, mas sim tendo sido consideravelmente influenciado pela atividade interveniente.

As descobertas de Jenkins e Dallenbach foram verificadas por outros investigadores e tem havido uma grande quantidade de pesquisas para determinar mais precisamente o papel das atividades intervenientes no esquecimento. Esses estudos levaram à conclusão geral de que uma das principais causas do esquecimento é a interferência do material subseqüente aprendido sobre o que foi aprendido anteriormente.

A Abordagem da Ciência Social em Psicologia (Pesquisa de Campo)

Psicólogos cuja preocupação é o comportamento de crianças, de trabalhadores industriais ou os costumes sociais que variam de uma cultura para outra adotaram uma variedade de procedimentos derivados dos métodos usados por sociólogos, antropólogos culturais, economistas e cientistas políticos. Entre esses, três procedimentos principais devem ser salientados: *a observação natural, os levantamentos ou pesquisas de opinião pública* e *os testes*. Embora nenhum destes métodos objetive o isolamento e o controle das condições antecedentes, almejadas pelo experimentalista, podemos obter informações muito significativas através do seu uso e até mesmo estabelecer amplas relações entre as condições variáveis e o comportamento observado, como, por exemplo, entre a idade e a freqüência de comportamento agressivo em crianças, entre traços de personalidade e cultura ou entre atitudes políticas e *status* sócio-econômico.

Em geral os investigadores que fazem levantamento de atitudes, aplicam testes psicológicos ou realizam entrevistas são capazes de demonstrar relações consistentes entre a amostra de comportamento no teste ou entrevista e a realização subseqüente na escola, no emprego ou numa eleição. Essas relações obtidas entre o comportamento observado em duas situações sucessivas pode ser muito útil para a predição e constitui a base de procedimentos tais como seleção de pessoal, prognóstico eleitoral e pesquisa de mercado sobre as preferências do consumidor. Embora obviamente menos precisas do que as relações funcionais derivadas da abordagem da ciência natural, a importância e a utilidade desse tipo de pesquisa não devem ser minimizadas.

Observação do Comportamento em Situações Naturais
(Observação de Campo)

A cuidadosa observação e registro dos eventos tais como ocorrem naturalmente, sem qualquer tentativa de controle artificial das condições, é provavelmente o método básico de todas as ciências em seus primeiros estágios de desenvolvimento. Ela se caracteriza por ser mais representativa daquilo que realmente acontece nas situações não controladas da vida diária. Para os psicólogos, este procedimento tem a vantagem de permitir-lhes o estudo de indivíduos sem que eles se considerem "cobaias", podendo mesmo não estar cientes de que se acham sob observação. Em muitos aspectos, constitui o melhor procedimento para o estudo de crianças, de pacientes com desajustamentos mentais e dos costumes de pessoas de culturas diferentes. Muito foi aprendido sobre como o comportamento das crianças se desenvolve com a idade através do estudo sistemático de crianças em seus lares, na escola, ou em grupos espontâneos de brinquedo quando o pesquisador apenas observa e registra o comportamento que ocorreu. Trata-se de um método adequado quando se quer estabelecer a incidência relativa de vários tipos de comportamento (por exemplo, medo de pessoas estranhas revelado por crianças pequenas) e, se um mesmo comportamento é comparado ao de diversas amostras com características diferentes (por exemplo, idade, tamanho, sexo, cultura), relações gerais podem ser estabelecidas.

Um Exemplo da Observação de Campo: O Comportamento de Liderança em Grupos de Crianças

A liderança tem sido objeto de inúmeras pesquisas desde o fim da Segunda Guerra Mundial, muitas delas subvencionadas pelas forças armadas e por corporações industriais. Uma das questões principais dizia respeito à generalidade da liderança — serão os líderes bem sucedidos em uma situação igualmente eficientes no planejamento e direção de atividades em condições bastante diferentes, envolvendo vários tipos de liderados e programas de ação? A maioria das evidências tende a apoiar uma determinação situacional de liderança ao invés de um conceito de "líder universal". A crença popular de que os líderes são "inatos" e não "feitos" não tem sido confirmada pela pesquisa recente.

Um estudo de crianças baseado na observação de campo exemplifica esta questão. Ferenc Merei (21), psicólogo social húngaro, estudou a seguinte questão a respeito da relação entre o líder e o grupo: "O grupo segue o líder ou lhe impõe seus costumes?"

Selecionando de duas creches crianças consideradas como "lideradas", formaram-se doze grupos de crianças, homogêneos quanto a sexo e idade. Esses grupos foram colocados em salas separadas onde permaneciam de 30 a 40 minutos por dia. Após diversas reuniões os grupos desenvolveram "culturas" peculiares a cada um deles — regras e costumes quanto à ordem de sentar-se, divisão dos brinquedos entre os membros, posse grupal de certos objetos, cerimônias relacionadas com o uso de objetos, expressões de vida em comum, rituais e uma linguagem grupal especial.

Após haver o grupo desenvolvido uma tal "cultura", um "líder" foi introduzido nele. Tratava-se de uma criança considerada pelos professores da escola maternal como tendo iniciativa e poder de direção e que mais freqüentemente dava do que seguia ordens, era antes imitada do que imitadora das outras, mais atacava do que era atacada. Esse líder era também mais velho do que os membros do grupo. Foram observadas as respostas dos grupos a 26 de tais líderes. Em todos os casos, com exceção de um, o líder foi forçado a aceitar as regras e costumes do grupo. A única exceção foi um grupo no qual em três dias sucessivos foram introduzidos três novos líderes. O grupo resistiu com sucesso aos esforços desses três líderes para alterar suas regras e costumes. Todavia, o esforço "deixou o grupo exausto e ele começou a enfraquecer", como ficou evidenciado por um marcado aumento no jogo solitário. O quarto líder introduzido no grupo foi capaz de reorganizar completamente este "grupo enfraquecido" — deu ordens, introduziu regras novas e decidiu o que fazer e como brincar.

Em todos os outros grupos o líder, embora aceitasse as regras e os costumes estabelecidos, ainda conseguiu desempenhar o seu papel adotando uma destas estratégias:

1) O QUE DÁ ORDENS. Esta estratégia é ilustrada pelo comportamento de um líder que, em primeiro lugar, deu ordens, fez sugestões e controlou as crianças do grupo. Ele foi evitado e ignorado e o grupo comportou-se à sua maneira tradicional. Subitamente o comportamento do líder mudou. Reuniu-se ao grupo em suas atividades e aprendeu suas regras e costumes. Durante o segundo período de brinquedo, ele novamente deu ordens, "...isto é, ordenou-lhes que fizessem exatamente o que eles fariam de qualquer maneira. Ele alcançou a liderança sem ser capaz de alterar os costumes do grupo".

2) O PROPRIETÁRIO. A liderança pode expressar-se através da posse dos pertences do grupo. Os objetos continuam a ser usados segundo o costume do grupo, mas eles agora "pertencem" ao líder. Esta estratégia é ilustrada pelo comportamento de um líder que se sobressaíra num grande grupo da creche. Quando colocado num grupo com costumes já formados, foi "engolido" pelo grupo. Seguiu as ativida-

des grupais, aceitou os seus costumes. O grupo nunca seguia as suas sugestões. Todavia, sua liderança ainda se expressava no grupo. "As crianças davam-lhe todos os objetos sem que ele pedisse e com isso reconheciam sua autoridade".

3) O DIPLOMATA. Este tipo de líder aceita os costumes do grupo para mudá-los gradualmente. Esta estratégia é ilustrada por um líder que, quando introduzido num grupo com arraigados costumes próprios, tentou primeiro sugerir novos jogos mas foi repelido. Juntou-se, então, às brincadeiras costumeiras, mas introduziu pequenas mudanças e tornou-se o líder dos jogos modificados. Mais tarde foi capaz de alterar mais drasticamente os jogos tradicionais do grupo. [12]

Levantamentos e Pesquisas de Opinião Pública

Procedimento um pouco mais sistemático para o estudo do comportamento é o usado na obtenção de informações por meio de entrevistas ou questionários nos conhecidos levantamentos e pesquisas de opinião pública. Aqui o investigador decide antecipadamente os tipos de comportamento nos quais está interessado e simplesmente pergunta aos indivíduos o que fazem, como se sentem ou do que gostam. Deve ser tomado um cuidado especial na elaboração das questões e na escolha das pessoas que serão incluídas no levantamento. É de máxima importância que os indivíduos entrevistados sejam representativos de toda a população em estudo, e não uma amostra atípica. Foram planejados métodos de amostragem bastante elaborados para reduzir esta

---

[12] Esse resumo do estudo de MEREI foi transcrito de *Individual in Society*, de D. KRECH, R. S. CRUTCHFIELD e E. L. BALLACHEY. Copyright 1962 de McGraw-Hill Book Company. Com permissão de McGraw-Hill Book Company e de Tavistock Publications, Ltd., editores de *Human Relations*.

fonte de erro e assim permitir mais segurança na generalização. Apesar de todas as cautelas tomadas nos levantamentos de opinião pública, permanece o perigo de que as pessoas entrevistadas na realidade não se comportem ou se sintam tal qual relatam; conseqüentemente, seu verdadeiro comportamento pode não corresponder aos sentimentos e atitudes registrados pelo investigador. O estudo das atitudes em psicologia social fornece um bom exemplo do método de levantamento. A indústria também faz dois usos importantes de técnica de levantamento: 1) para estudar a satisfação no trabalho e o moral dos empregados, e 2) para determinar as preferências do consumidor em pesquisas de mercado. Correlacionando as respostas com as características dos indivíduos investigados, o psicólogo é capaz de descobrir amplas relações que lhe permitem fazer predições aproximadas. Assim, pessoas dos grupos de renda mais alta tendem a ser conservadoras em política; indivíduos com educação universitária são, geralmente, mais liberais; pessoas que residem em cidades são politicamente mais liberais do que as das zonas rurais.

Um Levantamento de Atitudes: Relação entre Atitudes e Educação

H. H. Hyman, psicólogo, e Paul Sheatsley, sociólogo, utilizaram-se de uma escala de atitudes construída para medir o grau de autoritarismo a fim de mostrar que as atitudes estão altamente correlacionadas com o nível educacional (12). Como se poderia prever, indivíduos dos grupos de educação universitária eram menos "autoritários" em seus pontos de vista, tal como indicado pela escala de atitudes, e as pessoas que tinham apenas educação elementar revelaram maior tendência para crenças autoritárias. A Tabela 1 mostra os resultados para cinco dos itens da escala obtidos pelos três grupos de entrevistados comparados neste estudo.

TABELA I

Atitudes autoritárias e nível de instrução

ITENS DA ESCALA	Porcentagens de concordância		
	Instrução Universitária	*Instrução Secundária*	*Instrução Primária*
A coisa mais importante que se deve ensinar às crianças é obedecer cegamente a seus pais.	35	60	80
Todo bom líder deve ser severo para com seus liderados a fim de granjear o respeito deles.	36	51	66
A prisão é muito pouco para os criminosos sexuais. Eles deveriam ser chicoteados publicamente ou coisa ainda pior	18	31	45
Há dois tipos de pessoas no mundo: o fraco e o forte	30	53	71
Nenhum homem decente pode respeitar uma mulher que teve relações sexuais antes do casamento	14	26	39

Esta tabela foi transcrita do *Individual in Society*, de L. Krech, R. S. Crutchfield e E. L. Ballachey, segundo Hyman, H. H. e Sheastley, P. B. Copyright 1962 de McGraw-Hill Book Company e 1954 de Free Press of Glencoe, Illinois. Reproduzida com permissão de McGraw-Hill Company e Macmillan Company.

Que as atitudes e as opiniões estejam intimamente relacionadas com o nível educacional é uma generalização que encontra apoio nos resultados de muitos inquéritos de opinião pública divulgados nos jornais. Os investigadores do estudo acima citado advertem que a partir de seus resultados não se deve concluir que o autoritarismo é causado pelo baixo nível educacional, uma vez que numerosos outros fatores contribuem para a formação de atitudes (por exemplo, nível sócio-econômico, educação dos pais, região geográfica).

Outro levantamento de Atitudes: Pode-se Prever o Comportamento Através das Atitudes?

A principal razão para o grande número de pesquisas sobre atitudes sociais é sua relação com o comportamento real.

TABELA 2

Comparecimento à igreja e atitude para com a religião

Freqüência de comparecimento à igreja	Resultado médio na escala de atitude
Regularmente	1,91
Freqüentemente	2,48
Ocasionalmente	3,50
Raramente	4,95
Nunca	6,75

Esta tabela foi transcrita de *Individual in Society*, de D. Krech, R. S. Crutchfield e E. L. Ballachey, segundo Telford, C. W. Copyright 1962 de McGraw-Hill Book Company. Reproduzida com permissão de McGraw-Hill Book Company e os editores do *Journal of Social Psychology*.

Num dos primeiros estudos sobre atitudes, C. W. Telford investigou atitudes referentes a religião e sua relação com a freqüência à igreja (29). Trabalhando com um grupo de estudantes universitários, aplicou-lhes uma escala de atitudes que media sentimentos relativos à religião e perguntou aos seus sujeitos sobre seu comparecimento à igreja. Resultados baixos na escala indicam uma atitude favorável em relação à religião. Os resultados de Telford estão resumidos na tabela anexa. Eles podem ser considerados muito concludentes, uma vez que o comparecimento à igreja foi observado e registrado ao invés de o investigador apenas pedir aos sujeitos um auto-relato sobre seu comportamento.

A Avaliação do Comportamento Através de Testes

O primeiro teste de inteligência bem sucedido foi construído no início do século XX por Alfred Binet (1857-1911), psicólogo francês, para auxiliar os professores das escolas oficiais de Paris a classificar seus alunos de acordo com a capacidade para aprender. Os primeiros testes para seleção em larga escala foram desenvolvidos por psicólogos para o exército dos E.U.A. durante a Primeira Guerra Mundial, e mostraram ser muito proveitosos na classificação de soldados para fins de treinamento. Na Segunda Guerra Mundial a ênfase deslocou-se da seleção para a classificação nas muitas especialidades técnicas militares, e, além dos numerosos testes de classificação, foram desenvolvidos e colocados em uso muitos outros de aptidão e de personalidade. Firmas comerciais e industriais fazem hoje uso intensivo dos testes de personalidade e de capacidade na admissão e classificação dos candidatos a emprego, inclusive os de grau universitário, os quais são considerados como possuidores de "potencial administrativo" superior. As escolas secundárias, as universidades e as escolas profissionais dependem grandemente dos testes para seleção e classificação dos candidatos à admissão e para avaliar sua futura realização acadêmica.

Os testes têm três empregos principais: predição do sucesso futuro (no emprego ou na escola); avaliação do conhecimento ou proficiência atuais e diagnóstico clínico dos indivíduos com desajustamentos comportamentais. Embora não bem compreendidos pelo público, os testes de capacidade são essencialmente tarefas padronizadas através das quais a realização dos indivíduos pode ser medida objetivamente (isto é, pelo número de itens corretamente respondidos) em comparação com outras pessoas submetidas ao mesmo teste. Os testes de capacidade têm, assim, duas grandes vantagens sobre os outros procedimentos de avaliação: 1) os resultados dos testes são objetivos, indicando realmente o que o indivíduo pode fazer, não o que ele ou seus amigos afirmam que pode realizar; 2) os testes proporcionam uma "norma comum" para comparação. Uma vez que a realização humana não pode ser medida em unidades absolutas mas apenas numa base relativa, essa segunda vantagem é de primordial importância.

Outro aspecto dos testes é que sua confiabilidade pode ser estatisticamente avaliada de duas maneiras: em primeiro lugar, considerando a *consistência* dos resultados obtidos em aplicações sucessivas (denominada precisão), e, em segundo lugar, considerando a *relevância* dos resultados do teste em relação ao comportamento que está sendo predito, avaliado ou diagnosticado (conhecida como validade). Em virtude da grande quantidade de pesquisas realizadas a respeito de testes e procedimentos de aplicação, pode-se, em geral, depositar maior confiança em seus resultados do que em outros métodos de avaliação do conportamento (por exemplo, entrevistas ou referências).

Os testes têm suas limitações e deficiências. Eles não predizem a motivação futura no emprego ou na escola. Nem todos os aspectos do comportamento são passíveis de mensuração através dos testes (por exemplo, o "julgamento prático"). Instrumentos construídos para medir atitudes, interesses e traços de personalidade não têm a objetividade dos testes de capacidade, uma vez que dependem daquilo que o indivíduo está disposto ou é capaz de relatar sobre si mesmo. Tais instrumentos estão sujeitos a fraude e má interpretação dos itens. Existem outras fontes óbvias de erro nos testes, como, por exemplo, falhas na administração e avaliação ou treinamento específico antes da administração. Provavelmente a maior fonte de inexatidão dos testes é constituída pelas pessoas que os empregam. Lamentavelmente, pode-se fazer deles (e faz-se), de muitas maneiras, *superuso, mau uso* e até *abuso.*

A Abordagem Clínica — Aconselhamento em Psicologia

O psicólogo prático, cujo interesse principal reside em "ajudar as pessoas com problemas", defronta-se com a necessidade de aprender muita coisa a respeito de cada caso individual que chega até ele, a fim de que possa fazer um diagnóstico exato do problema e sugerir uma solução para a dificuldade. Sua tarefa é semelhante à do médico que procura em primeiro lugar o diagnóstico e depois o tratamento das moléstias de seus pacientes. O psicólogo clínico busca informações minuciosas a respeito de seu paciente ou cliente em todas as fontes possíveis, mas particularmente através de entrevistas, testes e histórico de caso. Quando chega o momento crítico de diagnosticar a dificuldade e sua fonte, deve apoiar-se muito em seu julgamento intuitivo, derivado amplamente de suas experiências anteriores com casos semelhantes. Ele não está interessado em descobrir princípios gerais a respeito do comportamento mas em fazer uma avaliação correta das dificuldades ou necessidades específicas do indivíduo, acompanhadas de sugestões remediativas adequadas.

O psicólogo que trabalha em hospitais e clínicas associa-se a equipes de psiquiatras, trabalhadores em psiquiatria social e enfermeiras, procurando diagnosticar e iniciar programas de terapia. O processo total inclui todas ou a maioria das etapas seguintes: 1) uma ou mais entrevistas minuciosas com o paciente, incluindo uma ampla investigação de sua história passada; 2) um exame físico completo e sua ficha clínica; 3) um minucioso histórico do caso (geralmente obtido pelo assistente social) sobre o *background* do paciente, relações familiares, experiências pouco comuns, dificuldades anteriores, etc; 4) exames por diversos testes psicológicos (geralmente de personalidade e não de capacidade); 5) uma discussão conjunta da equipe que estudou o caso a fim de chegar a um acordo sobre o diagnóstico e a terapia subseqüente. Diferentemente do clínico, o psicólogo conselheiro trabalha mais "por si só" e faz uso principalmente de entrevistas e testes.

Embora a abordagem do histórico clínico do caso possa ser a única aplicável nos casos de comportamento desajustado, ela é, obviamente, mais efetiva para a solução de problemas imediatos do que para a descoberta de novos princípios de comportamento. O controle experimental está ausente dos procedimentos considerados. A ausência de medidas quantitativas e a tendência usual de considerar cada caso individual como único (pelo menos em alguns aspectos) elimina a comparação estatística e a correlação. Sem a investigação experimental e a correlação estatística é difícil estabelecer relações causais e generalizar amplamente além do caso individual em consideração. Além do mais, o método clínico, derivado como foi da prática médica, é suscetível à interpretação individual da pessoa que faz o diagnóstico de caso baseando-se em sua experiência própria e/ou em suas tendências psicológicas.

Uma vez que existem diversas teorias rivais relativas aos desajustamentos de comportamento e suas curas, não é surpreendente que haja considerável desacordo quanto ao diagnóstico e à terapia. Não obstante a história da medicina revele que, algumas vezes, descobertas novas e significativas originaram-se da prática de rotina, é muito mais comum serem resultado da pesquisa. Seria desejável que no momento fossem realizadas mais investigações experimentais no campo da psicologia clínica e do aconselhamento. Na psicologia do futuro é muito provável que os métodos das ciências naturais e sociais desempenhem um papel cada vez maior na psicologia aplicada esperando-se, como conseqüência, a descoberta de novos princípios do comportamento e uma maior concordância em relação às "causas e curas".

Um Histórico de Caso

Stanley W., 21 anos, solteiro, deu entrada numa clínica da Veterans Administration para tratamento. Embora fosse um jovem inteligente, com alguma educação universitária, estava trabalhando como ascensorista e levando uma vida muito retraída em companhia de sua mãe idosa e viúva. Era o caçula de uma família de 7 filhos. Seu pai morreu quando Stanley tinha apenas três anos. Assim, este tinha poucas recordações dele como pessoa. Sua mãe foi descrita como uma pessoa muito sensível, facilmente perturbável e que, no decorrer de sua vida, sofreu períodos de depressão suficientemente fortes para exigir hospitalização ocasional. Tinha perto de 50 anos quando Stanley nasceu e, quase na mesma época, tornou-se particularmente suscetível a profunda depressão. Assim, ao invés de Stanley procurá-la nas suas necessidades, geralmente era necessário que tentasse, juntamente com os irmãos mais velhos, cuidar dela ou fizesse o possível para encorajá-la. Oito anos mais novo que seu irmão imediatamente mais velho, Stanley encontrou pouca companhia entre os irmãos e irmãs, os quais também não lhe proporcionaram uma figura paternal estável, sendo a maior parte de suas energias no lar dedicada a ajudar a mãe a manter a estabilidade da família.

Stanley teve um período igualmente difícil para encontrar apoio fora do lar. Era uma criança autoconsciente que tinha dificuldades em interagir com outras pessoas. Conseguiu manter um relativo anonimato entre seus colegas na escola primária, mas o ginásio foi para ele uma experiência dolorosa. Ali Stanley sentiu que era considerado pelos outros como um "desajustado" e a mágoa que isto lhe causou fez com que se tornasse ainda mais difícil para ele o relacionamento. Decidiu alistar-se na marinha após completar o ginásio, em 1944, porque achou que seria recrutado de qualquer maneira. Sua experiência na marinha equivaleu à do ginásio e, em alguns aspectos, foi ainda mais perturbadora. Os colegas elegeram-no para objeto de suas piadas e ele foi ridicularizado devido à sua inabilidade social e à sua total ignorância e aparente desinteresse por sexo.

Quando voltou para casa, Stanley decidiu freqüentar a universidade estadual de sua cidade. Como estudante parecia tão capaz intelectualmente quanto seus colegas, mas constantemente queixava-se por julgar que não estava indo bem. Sua autoconsciência — aliada a essas preocupações — prejudicou-lhe a eficiência e, após um ano no qual atingiu um resultado medíocre, deixou a escola. A seguir, empregou-se como ascensorista, atividade que exerceu até o momento em que foi internado. Pensava manter-se com uma pequena renda enquanto decidia o que fazer no futuro. Durante o ano em que esteve na universidade e aquele em que permaneceu no emprego não teve nenhuma vida social, dedicando-se apenas ao passatempo de colecionar selos nas horas livres.

Ao procurar auxílio, Stanley demonstrou que não era capaz de decidir que rumo tomar. Acreditava que podia fazer algo melhor do que continuar como ascensorista, mas a falta de confiança em si mantinha-o preso ali. Achava que gostaria de retornar à universidade mas não conseguia decidir-se para onde ir ou o que estudar. Stanley temia que sua ansiedade em situações sociais atrapalhasse o seu sucesso na escola ou em qualquer posição de responsabilidade e, com esses problemas, procurou auxílio.[13]

O Emprego da Estatística em Psicologia

O método estatístico é algumas vezes considerado como um dos principais métodos utilizados pelo psicólogo no es-

---

[13] Transcrito com permissão de Macmillan Company, de *Patterns of Psychopathology* de M. ZAX e G. STRICKER, (c) The Macmillan Company, 1963.

tudo do comportamento. Todavia, esta não é uma descrição correta do emprego que o psicólogo faz da estatística. Todas as ciências envolvem a medida dos fenômenos e, em conseqüência disso, apóiam-se na estatística para descrição e análise de seus dados. Como vimos, o psicólogo mede várias características da resposta como variáveis dependentes dos experimentos; registra também as respostas quando realiza levantamentos ou pesquisas de opinião pública; os resultados de testes representam medidas do número de itens respondidos. O psicólogo, além disso, tem grande variedade de medidas e utiliza a estatística, como fazem outros cientistas, que lhe permitem analisar e interpretar suas descobertas. A técnica estatística particular que escolhe depende da finalidade do estudo e da natureza dos dados envolvidos.

A Simples Apresentação Estatística dos Dados

Pode-se dizer de modo sucinto que o psicólogo utiliza-se da estatística para três finalidades gerais. Em primeiro lugar, precisa converter uma massa de resultados ou medidas desorganizadas numa disposição ordenada que possibilite a tabulação ou a representação gráfica. Deseja, também, calcular valores ou números simples que lhe mostrem a tendência central de suas medidas e a dispersão ou variabilidade em relação a esse ponto central. Em termos dessa estatística simples pode converter resultados "brutos" em medidas relativas, ou de comparação, ao longo de uma escala comum. Todos os resultados de testes, por exemplo, são transformados em medidas de realização comparada antes da interpretação. Para essas finalidades utiliza-se a estatística descritiva ou a distribuição estatística. Os detalhes relativos a ambas e às estatísticas mais sofisticadas são encontrados no capítulo sobre medidas em psicologia.

O Planejamento Experimental

Um segundo e mais complexo emprego da estatística em psicologia serve para fins de planejamento experimental e interpretação dos resultados obtidos. Quando o experimentador planeja suas provas, decide antecipadamente como irá coletar os dados e como tratá-los a fim de descobrir as relações envolvidas e fazer inferências daquilo que descobre. Existem muitos planejamentos, dependendo das perguntas feitas, dos procedimentos específicos esquematizados e do número de condições variáveis investigadas. Os planejamentos mais simples envolvem a influência de uma única variável independente (por exemplo, a intensidade do estímulo) em relação à resposta considerada como variável dependente (por exemplo, tempo de reação). Algumas vezes, torna-se necessário investigar a influência de diversas condições que variam simultaneamente e que podem contribuir conjuntamente para o comportamento em estudo. Por exemplo, ao estudar o efeito do ruído sobre a realização de tarefas, podem estar atuando outros fatores determinantes além da quantidade de ruído, como por exemplo o tipo de ruído, a espécie de tarefa, o nível de prática e o motivacional dos sujeitos. Os problemas estatísticos envolvidos em tais planejamentos são muito mais complexos do que os planejamentos mais simples que relacionam variáveis únicas. O planejamento dos experimentos e a análise estatística dos resultados obtidos envolvem conceitos e procedimentos que constituem a *inferência estatística*, assunto que ultrapassa o escopo de um capítulo introdutório.

A Correlação Estatística

O terceiro emprego principal da estatística em psicologia repousa na determinação do grau de correspondência ou relação entre dois conjuntos de medidas obtidas do mesmo grupo de indivíduos. Este processo é conhecido como *corre-*

(A)

Sujeito		Teste X	Teste Y
1	J.B.	2	4
2	A.L.	4	6
3	D.T.	6	8
4	H.M.	8	10
5	H.T.	10	12
6	R.L.	12	14
7	D.L.	14	16
8	R.M.	16	18
9	M.O.	18	20
10	F.Y.	20	22

(B)

(C)

Sujeito		Teste X	Teste Y
1	S.A.	1	10
2	L.M.	2	9
3	F.T.	3	8
4	R.L.	4	7
5	D.N.	5	6
6	N.Y.	6	5
7	P.T.	7	4
8	B.M.	8	3
9	N.L.	9	2
10	I.T.	10	1

(D)

(E)

Sujeito		Teste X	Teste Y
1	R.V.	1	5
2	B.H.	2	3
3	I.B.	3	9
4	J.G.	4	7
5	B.V.	5	1
6	C.D.	6	6
7	J.T.	7	8
8	J.C.	8	10
9	D.H.	9	4
10	W.H.	10	2

(F)

lação *estatística* e existem diversas técnicas disponíveis para sua utilização, de acordo com o tipo de medida. O índice estatístico de relação é o *coeficiente de correlação* e seu valor vai desde mais 1,00 (indicando uma correspondência perfeita entre os dois conjuntos de medidas), passando por zero (onde as duas distribuições de medidas são completamente independentes), até menos 1,00 (onde a correspondência também é perfeita, mas inversa). A significância de uma correlação depende do seu valor e da variabilidade das medidas envolvidas, não do seu sinal. Deve também considerar-se que, não obstante sua amplitude em tamanho variar entre zero e 1,00, o coeficiente de correlação não representa a *percentagem* da relação entre os dois conjuntos de medida, exceto nos valores extremos de 0,00 e 1,00. Uma correlação típica (e razoavelmente estável) é aquela entre peso e altura.

Investigadores que empregam levantamentos e testes dependem particularmente da análise correlacional de seus dados. Como um exemplo, estudantes secundários com altos resultados em testes do College Board tendem também a apresentar melhor trabalho acadêmico na universidade. Embora essencial para a inferência de relações entre conjuntos de medidas, deve ser salientado que *correlação* não significa *causa*. Freqüentemente há uma correspondência entre dois conjuntos de medidas devido a fatores subjacentes comuns e não porque um conjunto depende do outro. Assim, resultados em testes de aptidão mecânica podem estar po-

---

←

Fig. 8 — *Representação gráfica de três graus de correlação. (A) mostra os resultados de 10 pessoas nos testes X e Y; a relação é positiva e perfeita, tal como indicada pelo gráfico (B). Um outro conjunto de pares de resultados nos testes estão tabulados (C) e o gráfico (D) representa uma relação negativa perfeita. Os resultados nos testes e o gráfico para um coeficiente de correlação de 0,00 estão representados em (E) e (F). Donald J. Lewis, Scientific Principles of Psychology (c) 1963. Reproduzido com permissão de Prentice-Hall, Inc.*

sitivamente correlacionados com medidas de sucesso no emprego, não porque a realização no teste "causa" a proficiência no emprego mas porque os itens do teste e as tarefas do emprego envolvem as mesmas habilidades básicas (talvez acuidade visual, destreza manual ou coordenação olho-mão). Até a idade de quinze anos os resultados em testes de inteligência estão positivamente correlacionados com a idade cronológica, mas essa relação não significa que o acréscimo em anos produz mais inteligência. A criança mais velha (normalmente) aprendeu muito mais do que a criança mais nova e essa diferença em informação manifesta-se na realização do teste. Embora extremamente útil para fornecer uma compreensão do comportamento, os verdadeiros significados das correlações devem ser cuidadosamente examinados.

PARTE III

AS ATIVIDADES PROFISSIONAIS DOS PSICÓLOGOS CONTEMPORÂNEOS

Chamamos várias vezes a atenção para a variedade e diversidade dos trabalhos dos psicólogos contemporâneos nas duas primeiras seções. Na última seção indicaremos mais especificamente como os psicólogos ganham a vida e praticam sua profissão. Analisaremos as fontes de seus empregos e seus maiores interesses profissionais. Examinaremos as relações da psicologia com outras profissões tais como a medicina, a educação e a engenharia. Apresentaremos de modo sucinto os principais campos de especialização dentro da psicologia. Finalmente, consideraremos o lugar da psicologia na família das ciências, salientando suas relações básicas com as ciências biológicas de um lado e as ciências sociais do outro. Concluiremos esta seção e o capítulo com uma breve consideração do *status* científico da psicologia atual, e a divisão de interesses entre a pesquisa pura e a prática tecnológica dentro da psicologia.

O Número e a Diversidade de Interesses dos Psicólogos

A American Psychological Association contava, em 1965, com um número de sócios acima de 23.500. O enorme crescimento da psicologia em anos recentes está claramente in-

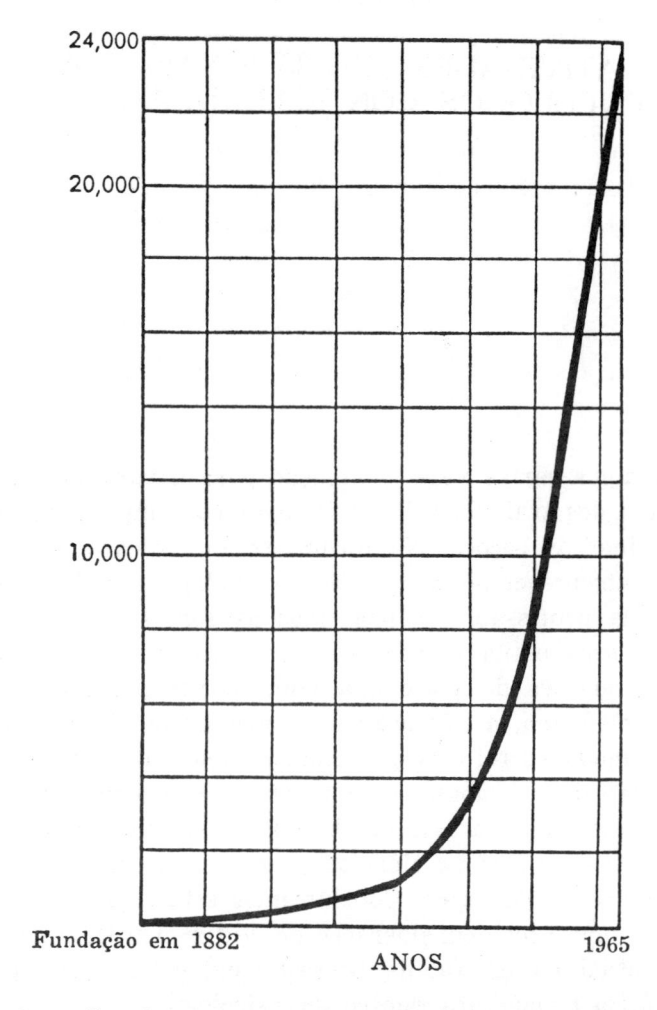

Fig. 9 — *Crescimento da American Psychological Association desde 1882 até 1965. Existem atualmente mais de 23.500 membros. Os dados acima estão baseados na seção de psicologia do National Register of Scientific and Technical Personnel, ao qual 73 por cento de cerca de 23.000 pessoas identificadas como psicólogos, em março de 1964, responderam e indicaram uma área de especialização dentro do campo da psicologia.*

dicado na Figura 9. A American Psychological Association é hoje uma das maiores organizações profissionais no terreno científico.

As principais áreas de interesse dentro da psicologia estão esquematicamente representadas na Figura 10, que indica a percentagem relativa de psicólogos segundo suas principais especialidades, de acordo com os dados do National Register of Scientific and Technical Personnel. Se reuníssemos as porções correspondentes à clínica, ao aconselhamento, à psicologia industrial e educacional, considerando tais áreas da psicologia como essencialmente "aplicadas", veríamos que quase três quartos dos psicólogos de hoje se dedicam à ciência aplicada ou são tecnólogos. O espírito prático dos funcionalistas do início do século XX nunca esteve mais vivo do que hoje!

Aconselhamento e Orientação

Psicologia Educacional e do Escolar — 11%

14%

Psicologia Industrial, do Pessoal, e Engenharia Psicológica — 10%

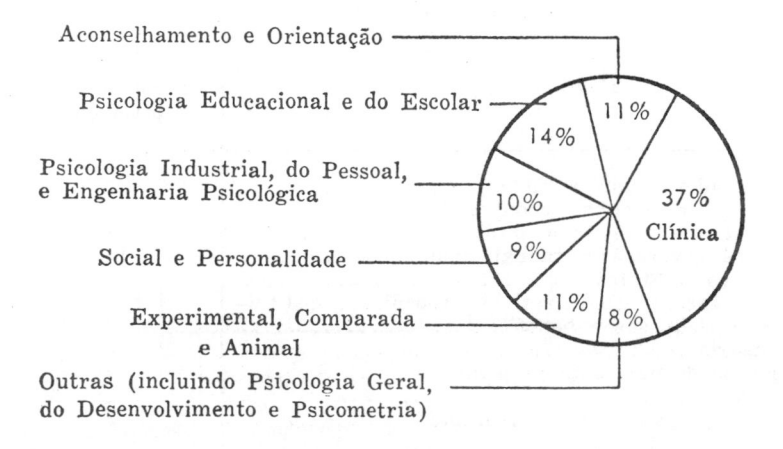

37% Clínica

Social e Personalidade — 9%

11% 8%

Experimental, Comparada e Animal

Outras (incluindo Psicologia Geral, do Desenvolvimento e Psicometria)

Fig. 10 — *Apresentação esquemática das principais áreas de interesse dentro da psicologia. Os dados acima estão baseados na seção de psicologia do National Register of Scientific and Technical Personnel, ao qual 73 por cento de cerca de 23.000 pessoas identificadas como psicólogos, em março de 1964, responderam e indicaram uma área de especialização dentro do campo da psicologia.*

Onde Trabalham os Psicólogos?

Como seria de se esperar da diversidade de interesses e especializações dos psicólogos, estes se acham empregados em inúmeras instituições e agências. As mais comuns delas são mostradas na Tabela 3. A maior percentagem de psicólogos ainda trabalha em instituições acadêmicas, embora essa proporção venha diminuindo lenta mas constantemente durante os últimos 25 anos. O emprego de psicólogos pelo governo norte-americano (especialmente se incluirmos os serviços militares) aumentou sensivelmente durante o mesmo período. Nos últimos 15 anos também se assistiu a um aumento no número dos que trabalham em hospitais e clínicas, tanto particulares como mantidas pelo estado ou por agências governamentais locais. Talvez o desenvolvimento

TABELA 3

Fontes de emprego de psicólogos

Fonte de emprego	Percentagem de psicólogos
Faculdades e universidades	39
Escolas secundárias e outras	10
Governo federal (não militar)	8
Outros governos (estadual, municipal)	11
Serviços militares	1
Organizações não-lucrativas (hospitais, instituições religiosas e beneficentes)	9
Indústria	8
Empregado por conta própria	7
Outras	2
Não empregados ou sem resposta	5

De Compton, B. E., *Psychology's Manpower: Characteristics, Employment and Earnings* (5). Os dados acima estão baseados na seção de psicologia do National Register of Scientific and Technical Personnel, ao qual 73 por cento de perto de 23.000 pessoas identificadas como psicólogos, em março de 1964, responderam e indicaram uma área de especialização dentro do campo da psicologia.

mais impressionante desde o fim da Segunda Guerra Mundial tenha sido a criação de grandes e pequenas firmas de psicólogos consultores. Em quase todas as grandes cidades dos E.U.A. existem grupos de psicólogos profissionais que prestam vários tipos de serviços de consulta a clientes e firmas comerciais. As tendências de emprego dos psicólogos têm se alterado tanto que as percentagens relativas mostradas na Tabela 3 devem ser consideradas apenas provisórias.

A Psicologia e as Outras Profissões

As múltiplas atividades dos psicólogos, detalhadas na Tabela 3, obviamente proporcionam-lhes considerável contato com indivíduos de outras profissões. Essas relações interprofissionais são de dois tipos. A primeira compreende a participação de psicólogos em projetos conjuntos com equipes de outras profissões. Tais programas cooperativos podem envolver consultas, pesquisa e desenvolvimento, ou diagnóstico e terapia. Esses projetos conjuntos exigem especialmente os serviços do psicólogo clínico, do psicólogo escolar, do psicólogo industrial e da engenharia psicológica. O segundo tipo de contato interprofissional é proporcionado pelos membros do corpo docente das escolas profissionais. Os psicólogos atuais ocupam posições no corpo docente das escolas de medicina, negócios, engenharia, educação e direito, para não mencionar os seminários teológicos.

Psicologia e Medicina

A medicina é a mais antiga associação profissional da psicologia e, provavelmente, ainda constitui sua mais importante interação com outras ciências e profissões. Existem duas áreas principais de interação, uma envolvendo a associação de psicólogos clínicos com psiquiatras, assistentes sociais, pediatras e neurologistas, e outra preocupada com a pesquisa experimental aplicada. A última inclui investigações conjuntas com equipes de fisiólogos e farmacólogos. O psicólogo clínico trabalha muito perto de seus colegas médicos nas escolas de medicina, clínicas de orientação infantil e em agências que proporcionam outros serviços de saúde mental.

Os programas de pesquisa experimental, realizados conjuntamente por psicólogos de laboratório e cientistas médicos, incluem diversas áreas. Talvez a mais excitante dessas, pelo menos no que diz respeito a suas implicações potenciais para o tratamento dos desajustados mentais, seja a investigação do efeito de drogas sobre o comportamento humano e de animais inferiores. Outras áreas recentes de intensiva pesquisa lidam com os efeitos da privação sensorial (isto é, a observação dos efeitos de períodos prolongados de restrição de atividades e de um mínimo de estimulação externa sobre os sentimentos e as respostas de um indivíduo). As implicações de tais estudos para as vítimas da poliomielite, que permanecem durante longos períodos em balões de oxigênio, e para os longos vôos espaciais dos astronautas são óbvias. Uma terceira e consideràvelmente mais antiga linha de investigação experimental do psicólogo no campo da medicina diz respeito à teoria da aprendizagem, mais especificamente ao tipo de aprendizagem pela resposta condicionada e suas relações com a origem dos desajustamentos comportamentais. Os estudos experimentais desse tipo datam da descoberta da "neurose experimental" por Pavlov, no início do século, e são tão atuais quanto a pesquisa sobre úlceras induzidas experimentalmente em macacos e recentemente relatados por Brady e colaboradores no U.S. Army Walter Reed Medical Research Center (4).

Psicologia e Direito

A primeira contribuição da psicologia ao direito foi feita há cerca de cinqüenta anos pelo livro de Münsterberg a respeito da confiabilidade do depoimento feito pelas testemunhas (24). Uma vez que processos tais como a feitura de leis, sua execução, o exame das testemunhas e o tratamento do criminoso envolvem princípios que governam o comportamento humano, parece que a psicologia tem muito a oferecer ao direito. Entretanto, por várias razões inclusive talvez o conservadorismo básico dos advogados e as dificuldades inerentes à pesquisa em psicologia social, os psicólogos até agora têm contribuído relativamente pouco para o exercício e a solução de problemas legais.

Os psicólogos têm-se associado aos sociólogos para fazer estudos intensivos de casos dos que transgridem os regulamentos sociais — o delinquente e o criminoso. Têm prestado testemunho diante das cortes de justiça com relação aos efeitos adversos de certas instituições sociais existentes, sobretudo a segregação racial em escolas públicas. Desde o primeiro emprego do polígrafo, ou "detetor de mentiras", em suspeitos nas cortes de justiça, os psicólogos têm-se dedicado principalmente a pesquisas sobre os índices fisiológicos da excitação emocional. Têm participado também da investigação de testes de escrita para fins de identificação nos casos de abertura de processos legais. Parece, entretanto, que as contribuições mais significativas da psicologia ao direito ainda estão para ser feitas.

Psicologia e Engenharia

Em certo sentido a união da psicologia com a engenharia data dos primeiros dias da psicologia aplicada, quando o psicólogo experimental se familiarizou pela primeira vez com a fábrica e realizou pesquisas sobre as condições ambientais que influenciam o rendimento no trabalho. Na época em que estudava os efeitos do barulho, iluminação e ventilação sôbre a produtividade, o psicólogo estava intimamente associado, na mente do público e do trabalhador industrial, com o "especialista em eficiência". Todavia, deve ser salientado que Gilbreth e Taylor, os homens que introduziram o "equilíbrio tempo-e-movimento" (*time-and-motion economy*) na indústria, não eram psicólogos mas engenheiros industriais. Na verdade, os psicólogos tendem a ser um tanto críticos em relação às suposições sobre as quais os estudos de tempo--e-movimento foram baseados. Contudo, os primeiros psicólogos industriais estavam interessados em determinar as condições que afetam a eficiência no trabalho, a fadiga e os acidentes.

Não foi senão nos últimos dias da Segunda Guerra Mundial que equipes de psicólogos e engenheiros uniram seus esforços para planejar equipamentos melhor adaptados às limitações e capacidades do operador humano. Esse esforço cooperativo surgiu das dificuldades encontradas pelos homens que haviam sido cuidadosamente selecionados e muito bem treinados para operar equipamentos complexos como a mira de bombardeios, controles de aviões e de submarinos. Análises minuciosas do equipamento de operação levaram à descoberta de numerosas deficiências no equipamento. Programas subseqüentes de pesquisa, por sua vez, levaram a uma revisão dramática no objetivo tradicional do psicólogo industrial e militar — o de ajustar o homem à situação de trabalho. O objetivo da "engenharia humana", como foi primeiramente denominada essa nova ênfase, era o de adaptar a situação de trabalho ao homem. Aí estava um novo campo para que a psicologia experimental aplicada se utilizasse dos conhecimentos disponíveis a respeito dos processos sensoriais humanos, aprendizagem, retenção, capacidade de decisão e características da resposta motora. Seu propósito foi o de replanejar as tarefas e equipamentos para uma operação mais segura e eficiente.

Além da pesquisa pioneira sobre controles e mostradores de máquinas (a "fase das ferramentas" como se tornou conhecida), outra área importante da pesquisa na engenharia psicológica preocupa-se com os efeitos de condições ambientais extremas (por exemplo, calor, frio, ruído, vibração, iluminação, ausência de peso, confinamento no espaço, isolamento). Um problema relacionado é saber da capacidade humana de executar tarefas precisas de "vigilância" durante longos períodos de tempo. Fisiólogos, médicos e matemáticos associaram-se a engenheiros e psicólogos nessas complexas investigações tecnológicas. Seu significado para a era espacial é facilmente compreensível.

A última e, sem dúvida, a mais sofisticada área de pesquisa em engenharia psicológica relaciona-se com o planejamento, construção, operação e avaliação dos chamados "sistemas homem-máquina". Tais sistemas complexos e altamente matemáticos incluem equipes coordenadas de homens e aparelhamentos cujos esforços devem ser cuidadosamente integrados, freqüentemente com o emprego de computadores. O controle do tráfego aéreo, o alarme aéreo de defesa e o controle das cápsulas aéreas tripuladas são exemplos atuais de tais sistemas complexos homem-máquina. Um aspecto não menos interessante da pesquisa dos sistemas homem-máquina é o problema de integrar os componentes do sistema, o homem e a máquina, dentro de uma organização efetiva. Esta integração necessitou de pesquisa e discussão extensivas quanto à eficiência relativa de desempenho do homem e da máquina, no que diz respeito a características tais como mobilidade, flexibilidade, memória para eventos passados, resistência à fadiga, serenidade sob tensão, velocidade e exatidão de cálculo, etc. Abriu-se uma área fascinante e desafiadora para pesquisa e aplicação.

Psicologia e Indústria

Os psicólogos estão associados aos profissionais do comércio e da indústria em três posições: 1) no corpo docente das escolas de administração de empresas; 2) empregados, em regime de tempo integral, por sociedades comerciais (por exemplo, indústrias e serviços industriais, firmas de consultas e aplicações de testes); 3) empregados em regime de tempo parcial como consultores de várias instituições comerciais. O emprego do psicólogo na indústria origina-se do crescente reconhecimento dos problemas de "relações humanas" nas organizações industriais e dos recentes progressos da engenharia psicológica. O aspecto "relações humanas" das operações comerciais engloba duas áreas principais, a *externa* (incluindo relações com o cliente, relações com a comunidade e relações públicas), e a *interna* (vários tipos de relacionamento empregado-administração). Os psicólogos contribuíram para a área de relações humanas principalmente nos campos de vendas, propaganda, promoção de negócios e pesquisas de mercado (levantamento de gostos e preferências do consumidor).

A maioria dos psicólogos industriais têm-se dedicado a vários dos aspectos internos das relações humanas. Estes incluem os processos tradicionais de seleção de pessoal, treinamento de empregados, avaliação da eficiência no trabalho, bem como as mais recentes acentuações sobre a motivação do empregado no local de trabalho, a interação social em pequenos grupos ("dinâmica de grupo"), a liderança e a comunicação. Existe também uma superposição entre a psicologia industrial e a engenharia psicológica, e muitos psicólogos empregados na indústria estão procurando solucionar problemas relativos à "engenharia dos fatores humanos" a que nos referimos anteriormente.

As posições e as denominações recebidas pelos psicólogos que trabalham no comércio e na indústria são tão variadas quanto os serviços desempenhados. Devido às exigências do mundo prático dos negócios, o psicólogo consome mais seu tempo em consultas, administração e aconselhamento do que na pesquisa. A psicologia industrial é hoje, provavelmente, mais tecnologia do que ciência.

Psicologia e Educação

Da mesma forma que na maioria de suas relações profissionais, os psicólogos contribuem para a educação como membros do corpo docente de universidades e escolas para formação de professores e, também, proporcionando uma diversidade de serviços aos sistemas escolares públicos. Muito do conteúdo da psicologia relaciona-se com o treinamento de professores — notadamente as diferenças individuais quanto às capacidades e traços, aprendizagem e memória, motivação, crescimento e desenvolvimento da criança, comportamento grupal, ajustamento emocional e personalidade. A maioria desses tópicos faz parte integrante dos cursos de formação das Escolas de Educação. São empregados para a formulação de normas educacionais, tais como a determinação da prontidão do aluno para leitura ou aritmética, o que fazer com aprendizes lentos ou rápidos e como ensinar melhor as diversas matérias. Os psicólogos docentes também se envolvem em pesquisa aplicada referente a vários aspectos do treinamento do professor e do aluno.

Os psicólogos ocupam três grandes posições nos sistemas escolares — o psicólogo escolar, o conselheiro orientador e o psicólogo pesquisador. O psicólogo escolar executa uma variedade de serviços inclusive a aplicação de testes em um indivíduo ou num grupo de alunos; entrevistas com alunos, professores e pais; atividades em programas de educação (por exemplo, programas para crianças defeituosas) e treinamento interno para o pessoal da escola. O conselheiro orientador divide o seu tempo entre o ensino em sala de aula e o oferecimento de uma série de serviços aos alunos. Esses serviços incluem o aconselhamento em assuntos como potencial e habilidade educacional, interesses e aptidões vocacionais e ajustamento emocional. Os problemas investigados pelo psicólogo pesquisador em educação incluem material de ensino, métodos de instrução e a avaliação dos programas do curso.

Psicologia e Religião

Esta mais recente relação profissional dos psicólogos originou-se em grande parte do antigo papel do ministro, do padre ou do rabino como conselheiros e orientadores práticos dos membros de sua congregação. Existem duas orientações recentes que atestam o reconhecimento atual desse aspecto da religião. Os seminários teológicos estão utilizando os métodos da seleção de pessoal, especialmente a avaliação de traços de personalidade, na escolha dos candidatos à carreira sacerdotal. Além disso, e ainda mais importante, exigem-se agora dos estudantes nos seminários cursos de psicologia do anormal, da personalidade e do ajustamento. A preparação para o aconselhamento pastoral é um aspecto agora reconhecido do treinamento em seminário. Psicólogos clínicos também estão freqüentemente trabalhando em colaboração com capelães em hospitais e instituições similares. Finalmente, continua a haver um interesse mútuo da parte de alguns teólogos e psicólogos pela "psicologia da religião", isto é, pela influência da religião sobre a experiência e o comportamento do homem. William James, escrevendo a esse respeito no início deste século (14) e C. G. Jung, mais recentemente (16), exemplificam essa linha de interesse.

Os Campos Especializados da Pesquisa Psicológica

Além das várias direções do trabalho psicológico tratadas pelas inter-relações profissionais precedentes, existem setores especializados de pesquisa dentro da própria psicologia. Estas áreas de concentração são há muito consideradas como "campos" da psicologia. Alguns deles constituem os principais tópicos da psicologia geral (por exemplo, desenvolvimento, diferenças individuais, comportamento social). Outros estão, geralmente, incluídos no currículo universitário como cursos separados posteriores ao curso de introdução à psicologia (por exemplo, psicologia animal, fisiológica, do anormal). Os "campos" da psicologia são, em parte, categorias de conveniência que refletem a especialização do esforço da pesquisa e do ensino. Existe alguma superposição de conteúdo entre eles e, particularmente, entre os "campos" e algumas das áreas consideradas como de inter-relações profissionais. Por exemplo, a psicologia industrial e a psicologia educacional são comumente consideradas como "campos" da psicologia. Além disso, em nossa discussão das relações da psicologia com a medicina poderíamos ter incluído também um resumo da psicologia clínica, geralmente considerada como um dos "campos". A seguir vão resumidos seis dos mais importantes campos da psicologia não incluídos em nosso levantamento das relações profissionais da psicologia.

Psicologia Animal (Comparada)

Os psicólogos freqüentemente são criticados pelo público, e mesmo por alunos de psicologia, pela excessiva preocupação com a pesquisa animal. Essas mesmas pessoas geralmente exprimem bem menos o seu protesto (se é que de fato levantam objeção) contra as investigações que empregam animais quando elas são realizadas por zoólogos, fisiólogos ou farmacólogos. Não obstante, o psicólogo experimental estuda os animais essencialmente pelas mesmas razões com que o fazem os outros cientistas. As principais vantagens relacionadas com o emprego de animais para experimentos de laboratório são: 1) a hereditariedade é conhecida; 2) é possível manter um controle adequado do ambiente antes do experimento; 3) o período de vida mais curto dos animais (especialmente dos ratos) permite que a pesquisa seja realizada com diversas gerações dentro de um período razoável de tempo; 4) o comportamento animal é mais simples e, conseqüentemente, mais fácil de observar, medir e registrar; 5) é possível um controle das condições experimentais muito mais adequado do que com sujeitos humanos.

Existem duas razões para o volume um tanto extenso de pesquisa animal em psicologia. A primeira é procurar compreender melhor o comportamento humano através de experimentos melhor controlados, possíveis graças ao comportamento mais simples dos animais. Segundo esse ponto de vista argumenta-se que os princípios básicos do comportamento são melhor deduzidos do estudo do seu desenvolvimento, à medida que percorremos a escala filogenética, e das mudanças ordenadas que ocorrem durante o período de vida dos indivíduos. Os psicólogos podem mostrar um número surpreendente de equivalências nos fenômenos comportamentais entre seres humanos e animais, particularmente no campo da aprendizagem simples. A atitude desses psicólogos é muito semelhante à dos cientistas médicos que realizam experimentos com animais para aprender mais sobre as causas e as curas das doenças humanas.

Um tanto em desacordo com o ponto de vista anterior temos a posição de outro grupo de psicólogos que defende ser o estudo do comportamento, em todo e qualquer nível de complexidade e significação social, um objetivo legítimo da ciência. Estes psicólogos apóiam a investigação do comportamento animal pelas mesmas razões que defendem a pesquisa de ciência pura dentro da zoologia, anatomia comparada ou fisiologia animal: isto é, ela amplia as fronteiras do conhecimento.

A pesquisa de psicólogos com animais concentrou-se principalmente nos processos sensoriais, na aprendizagem e na motivação. Por motivos óbvios, praticamente toda pesquisa feita por psicólogos fisiólogos é realizada com o emprego de animais. Voltemos agora nossa atenção para esse campo.

Psicologia Fisiológica

Como observamos na parte inicial deste capítulo, uma das heranças históricas da psicologia moderna foi a preocupação com os mecanismos fisiológicos e os processos subjacentes ao comportamento. Vimos também que desde o início do século XIX os psicólogos consideravam como uma das bases de sua ciência a investigação do funcionamento dos órgãos dos sentidos e dos processos cerebrais envolvidos na percepção sensorial, na memória e nos movimentos voluntários como a locomoção e a fala. Desde que Wundt abriu o primeiro laboratório de psicologia, os psicólogos reuniram-se aos fisiólogos numa ativa pesquisa desse e de outros aspectos dos processos corporais relacionados com a experiência consciente e o comportamento.

Como acontece na pesquisa com animais, o aluno principiante freqüentemente quer saber por que o psicólogo insiste em invadir o terreno da biologia, dando ênfase tão grande ao papel da fisiologia. O grau em que tal ênfase é proveitosa constitui um ponto de desacordo mesmo entre os psicólogos. Pode-se argumentar que os psicólogos têm muito a estudar no comportamento do organismo intato sem precisar investigar debaixo da pele. Também é inegável que experimentos válidos podem ser (e foram) realizados procurando relacionar a experiência perceptual e o comportamento a eventos do ambiente externo sem referência aos processos que ocorrem nos órgãos dos sentidos, no sistema nervoso, nos músculos ou glândulas. Especialmente aqueles que estudam o comportamento social acham de pouco valor tentar relacionar os fenômenos que investigam a mecanismos fisiológicos subjacentes. Para o cientista social é suficiente procurar as "causas" do comportamento nas complexas inter-relações existentes entre indivíduos e grupos, sem dedicar muito tempo e esforço à tentativa de compreender as bases biológicas do comportamento humano.

Por que, então, alguns psicólogos continuam a investigar a retina do olho e a cóclea do ouvido; analisar os electroencefalogramas (E.E.G.) dos cérebros do homem e de ratos; a estudar a fisiologia da sede ou da fome? Por que os livros de textos continuam a incluir capítulos sobre "mecanismos fisiológicos de resposta"? Aqui também, da mesma forma que em relação à pesquisa com animais, a resposta desdobra-se em duas. A primeira é simplesmente que o homem é um organismo biológico e todo aquele que deseja compreender o seu comportamento deve levar em conta os processos biológicos que são um aspecto essencial do comportamento, bem como da própria vida. Consideradas sob o ponto de vista da ciência natural, muitas das importantes condições que conduzem a ou influenciam o comportamento explícito ocorrem no sistema nervoso e em outros órgãos do corpo. Basta que o leitor reflita apenas um momento sobre o impressionante efeito das drogas, facilmente observável na vida diária, para imaginar o significado dos fatores biológicos sobre o comportamento.

A segunda justificativa para a existência de um campo de psicologia fisiológica é a de que ele constitui um segmento fascinante da ciência biológica, suficientemente importante para ser investigado por sua natureza independente. Além disso, os interesses dos psicólogos nos mecanismos biológicos são um tanto diferentes dos interesses dos fisiólogos e neurologistas. Estes últimos estão geralmente fazendo perguntas a respeito da estrutura e das funções de órgãos ou de sistemas de órgãos, quase sempre estudados isoladamente. Para o psicólogo é ainda o comportamento do organismo como um todo que deve ser explicado e suas perguntas a respeito dos eventos e estruturas fisiológicas dizem respeito ao papel que os mesmos desempenham na elaboração de respostas observadas a situações específicas. As linhas de demarcação entre a psicologia e a fisiologia não são nítidas; os fisiólogos muitas vezes realizam experimentos sobre comportamento animal que podem ser rotulados como "psicológicos" e os psicólogos podem fazer pesquisas sobre estruturas específicas. Entretanto, como regra geral, os problemas estudados e as questões respondidas são suficientemente distintos para permitir o reconhecimento da "psicologia fisiológica" como uma área de investigação separada.

Psicologia do Desenvolvimento

É evidente que uma abordagem muito proveitosa para a compreensão do comportamento adulto é o estudo do seu desenrolar ou desenvolvimento, desde os padrões mais simples até os mais complexos, à medida que a criança se torna mais velha. O psicólogo há muito se vem interessando pela abordagem evolutiva ou *genética* na investigação do comportamento. (Observe-se que a palavra *genética*, neste contexto, não tem o mesmo significado que o termo biológico genética, que se refere às bases hereditárias das estruturas e funções.)

É preciso que façamos uma distinção entre dois tipos de abordagem evolutiva na discussão da psicologia genética: o desenvolvimento *filogenético* refere-se a mudanças que ocorrem nas estruturas e no comportamento dos organismos quando percorremos a escala animal desde os organismos mais simples como a *ameba* até os *primatas*, o homem inclusive. As comparações filogenéticas obviamente se enquadram no domínio da psicologia animal (comparada). Quando a preocupação do investigador diz respeito ao desenvolvimento que ocorre durante o período de vida do organismo individual, ou mais propriamente entre o nascimento e a maturidade, ele está estudando o desenvolvimento ontogenético. [14]

---

[14] A pesquisa pode ser realizada antes do nascimento, isto é, com organismos pré-natais, e continuar através da idade adulta e da velhice até a morte. O estudo das alterações que ocorrem na velhice é conhecido como *gerontologia*.

A investigação do desenvolvimento *ontogenético* tem sido realizada principalmente com crianças, e essa área da psicologia do desenvolvimento é talvez mais conhecida como *psicologia da criança* do que como psicologia do *desenvolvimento* ou *genética*. O resumo que se segue fará muitas referências à investigação sobre crescimento e desenvolvimento em crianças.

Logicamente, a psicologia do desenvolvimento tem sido a que mais se preocupa com os mecanismos hereditários ou genéticos. Embora ainda se conheça relativamente pouco a respeito da herança das características e traços do nível humano, a rápida expansão do campo da genética do comportamento na biologia promete grandes progressos nos anos vindouros. Realizaram-se muitas pesquisas com organismos pré-natais, humanos e animais, destinados a conhecer os estágios de desenvolvimento e a relação entre a maturação da estrutura e o aparecimento da função.

O período da infância humana (os dois primeiros anos após o nascimento) tem sido objeto de enorme volume de investigação. A pesquisa proporcionou normas de idade para o crescimento do corpo, para o desenvolvimento das capacidades perceptuais (por exemplo, julgamentos de tamanho, forma ou cor dos objetos), das respostas motoras (por exemplo, tocar, agarrar, engatinhar, ficar de pé, andar), do comportamento social (respostas a outras pessoas), da linguagem e do comportamento emocional (por exemplo, desprazer, raiva, medo e alegria). Foram desenvolvidos os denominados "testes de inteligência" para crianças, mas as tarefas destinadas a medir a atenção, a discriminação sensorial, a coordenação motora e a memória são tão diferentes dos comportamentos exigidos nos testes de inteligência para crianças mais velhas que uma predição exata de inteligência futura não é possível nessa idade.

Não é de surpreender que a psicologia do desenvolvimento seja uma área importante de pesquisa no que se refere às contribuições relativas do ambiente e da hereditariedade para os dons intelectuais, aptidões e personalidade do adulto.

Entre as linhas de investigações originárias da controvérsia sobre a hereditariedade e o ambiente, serão lembradas apenas umas poucas a título de ilustração. Há trinta ou quarenta anos atrás havia numerosos estudos relacionando a *maturação* (desenvolvimento atribuído ao crescimento independente das oportunidades para aprender) ao *treinamento*. Algumas relações básicas (e de utilidade prática) foram descobertas, tais como a existência de um estágio ótimo de desenvolvimento ou "prontidão" antes do qual o treinamento não será totalmente efetivo. Outro tipo de abordagem a esta controvérsia envolvia a correlação minuciosa de semelhanças entre pares de gêmeos, os quais oferecem ótima possibilidade de controlar as variáveis hereditariedade e ambiente. [15] Uma terceira e mais recente preocupação centraliza-se na influência das primeiras experiências ambientais sobre o comportamento futuro, especialmente em situações sociais.

Desde que Freud pela primeira vez chamou a atenção para os efeitos permanentes das experiências adversas no início da vida das crianças, os psicólogos têm procurado evidências favoráveis ou contrárias à afirmação de Freud. Um estudo das conseqüências da "insegurança infantil" com sujeitos humanos tem necessariamente que se apoiar nas evidências obtidas com o método do estudo clínico do caso. Estas evidências não são inequívocas e a questão basicamente permanece sem resposta. Contudo, um número considerável de pesquisas com animais durante os últimos vinte anos proporcionou claras evidências dos efeitos permanentes do tratamento especial introduzido no início da vida; vejam-se,

---

[15] Os denominados gêmeos *idênticos* (monozigóticos) têm a mesma hereditariedade, enquanto que a hereditariedade dos gêmeos *fraternos* não é mais semelhante do que a dos irmãos e irmãs comuns. Os estudos sobre similaridade comparam gêmeos sob quatro condições — idênticos e fraternos, criados juntos e em separado.

por exemplo, as revisões de Beach e Jaynes (1) e de Scott (27). A evidência experimental sugere claramente que a idade na qual o animal é exposto ao tratamento especial é de importância crítica. As investigações atuais estão à procura das bases fisiológicas e neurológicas de tais efeitos a longo prazo, como por exemplo, Krech e outros (2). As implicações desse tipo de pesquisa são muito excitantes, embora a generalização do comportamento do animal ao comportamento humano deva ser feita com cautela.

Psicologia das Diferenças Individuais

As descobertas das pesquisas relativas à natureza e amplitude das diferenças individuais em características e traços constituem, provavelmente, a mais significativa contribuição da psicologia moderna à sociedade na época atual. Diferenças notáveis entre os indivíduos se manifestam em relação à denominada inteligência geral, aptidões e habilidades vocacionais, cultura geral, informação específica, interesses, valores e atitudes sociais, personalidade, temperamento e "caráter". São essas características que determinam em grande parte o grau de sucesso de uma pessoa na escola, no trabalho e no ajustamento geral às exigências da vida.

O estudo das diferenças individuais orientou-se para três linhas: 1) a investigação da natureza e da distribuição das diferenças encontradas na população; 2) a procura dos fatores causais responsáveis pelas amplas diferenças geralmente encontradas; 3) a criação de técnicas e procedimentos mais exatos através dos quais medir e avaliar as várias características em consideração. Nesta última abordagem inclui-se a pesquisa sobre procedimentos estatísticos mais refinados e sofisticados, a fim de melhor interpretar os resultados obtidos.

As descobertas relativas à natureza e distribuição das diferenças em características e traços constituem as bases de grande parte da chamada psicologia "aplicada", particularmente na educação, indústria e serviços militares. A investigação sobre as causas das diferenças individuais não veio apenas esclarecer as interessantes variações culturais do comportamento, mas focalizou sua atenção sobre o papel das condições ambientais adversas que impedem o desenvolvimento adequado dos dons intelectuais.

As pesquisas sobre medidas e técnicas de avaliação deram origem a grande variedade de "testes psicológicos" que vieram influenciar a vida de muitas pessoas nos dias atuais.

O amplo emprego dos testes — e quase que se pode acrescentar seu ocasional *uso exagerado, inadequado* e *abusivo* — despertou consideráveis críticas nos últimos anos. Um pouco da crítica é amplamente justificável, mas muitas das objeções estão baseadas em preconceitos pessoais ou conhecimentos inadequados dos princípios dos testes. Ao leitor que se pode envolver em calorosos debates a respeito dos méritos e limitações dos testes sugerimos que procure informar-se, antes de mais nada.

Paralelamente ao emprego dos testes, porém fazendo uso de diferentes procedimentos, destacam-se grandes esforços para avaliar a realização dos indivíduos na situação de trabalho. Solicita-se a professores que avaliem a qualidade de realização de seus alunos; pede-se a supervisores industriais e administradores que aquilatem a realização no trabalho de seus subordinados; requer-se de oficiais militares que julguem a eficiência do pessoal sob seu comando. Graduação, promoção, salário e progresso dependem em larga medida de tais avaliações a respeito da realização. Na sociedade altamente competitiva em que atualmente vivemos e trabalhamos a avaliação da realização tornou-se de importância fundamental para o indivíduo.

Psicologia Clínica e do Anormal

Durante muito tempo o curso de psicologia mais popular no currículo das universidades foi o de psicologia do anormal. Existem provavelmente muitas razões para isso, entre as quais podem ser destacadas as seguintes. O conteúdo da psicologia psicanalítica de Sigmund Freud foi retirado em grande parte do campo da psicologia do anormal e a psicanálise prendeu a atenção do público como nenhum outro aspecto da psicologia. Os conceitos e teorias freudianas significam literalmente "psicologia" para a maioria do público. Embora muito do conteúdo da psicologia do anormal não seja de orientação psicanalítica, a popularidade de Freud contribuiu indubitavelmente com grande peso para o atrativo que a psicologia representa. Outra razão para a popularidade da psicologia do anormal é a natureza esquisita, dramática, emocional e pessoal de seus tópicos. Quase todo mundo experimentou algum dos sintomas descritos ou conhece alguém que os sentiu. O assunto é empolgante! Um último (e felizmente menos importante) atrativo da psicologia do anormal é o fato de estar repleta de longas palavras e termos pouco comuns e com os quais o estudante pode impressionar seus amigos.

A psicologia do anormal lida com o comportamento pouco comum, atípico e, algumas vezes, patológico. Muitos de seus tópicos já foram considerados como distúrbios da mente e os termos "desordem mental" e "saúde mental" ainda são de uso comum. Na verdade todas as pessoas, em alguma época de sua vida, podem apresentar distúrbios em quase todos os aspectos do comportamento abrangidos pela psicologia. Uma das partes principais da psicologia do anormal está preocupada com a descrição detalhada de tais desajustamentos. Há, assim, desordens comuns de percepção sensorial, respostas motoras, memória, inteligência e emoção.

O aspecto mais interessante e significativo da psicologia do anormal é o que se relaciona com os distúrbios sistemáticos do comportamento, há muito reconhecidos e primitivamente classificados por termos tais como *dementia* e "histeria". Atualmente outras categorias amplas são empregadas, principalmente as *neuroses* (desajustamentos emocionais) e *psicoses* (desordens mentais mais graves). O tratamento desses distúrbios na maioria dos cursos de psicologia do anormal inclui: 1) uma descrição dos sintomas; 2) teorias referentes às origens; 3) métodos de terapia. Uma vez que as desordens de comportamento, particularmente os distúrbios emocionais ou "neuroses", são tão freqüentes na sociedade moderna e apresentam tanta significação para as pessoas por elas atingidas, sua investigação é da mais alta importância e as descobertas nesse campo despertam enorme interesse. Infelizmente o estudo do comportamento patológico mostrou-se peculiarmente difícil, e o progresso na compreensão, cura e prevenção de suas múltiplas manifestações tem sido dolorosamente lento.

Quando desviamos nossa atenção dos sintomas e causas das desordens do comportamento para o tratamento e a cura, passamos da psicologia do anormal para a psicologia clínica e para a psiquiatria. O psicólogo clínico comumente trabalha como membro de uma equipe que inclui psiquiatras, assistentes sociais e enfermeiras, cuja missão é diagnosticar e tratar dos pacientes. É possível ao psicólogo interessado principalmente em psicologia do anormal dar cursos ou envolver-se em pesquisa experimental (por exemplo, com drogas) sem ter contato direto com pacientes ou psiquiatras. As responsabilidades do clínico, por outro lado, incluem o diagnóstico de pacientes perturbados, especialmente quando relacionados com situações de tensão no passado, o planejamento de programas de terapia e a avaliação de sua eficiência, a avaliação dos efeitos psicológicos da moléstia, a realização de pesquisas sobre as causas e as curas das desordens emocionais, o treinamento de internos, enfermeiras e estudantes. A psicologia do anormal é, sobretudo, um campo de pesquisa pura e de ensino; a psicologia clínica é mais uma área de pesquisa aplicada, de prática e de serviço.

Psicologia Social

Vimos no início deste capítulo que a investigação do comportamento social do homem tem uma longa história. Além dos seus experimentos de laboratório, Wundt demonstrou grande interesse pela psicologia social. Contudo, como uma área de investigação formal dos psicólogos, a psicologia social não teve início senão no século XX.

O estudo do comportamento de indivíduos em seus agrupamentos sociais ou culturais levou inevitavelmente o psicólogo social a considerar os diversos aspectos da cultura e da sociedade, da guerra e da paz, da expansão econômica e das crises, das formas democráticas e autocráticas de governo, dos conflitos raciais e de outras forças sociais que exercem influências sobre o comportamento e a personalidade do indivíduo. Assim, inevitavelmente, o psicólogo social tem contato, pelo menos no nível teórico, com estudiosos das chamadas ciências sociais: sociologia, antropologia cultural, economia e política. Devido à sua preocupação natural com as complexas forças sociais que influenciam o comportamento, o psicólogo social tem pouco tempo ou interesse pelos problemas que despertam a atenção do psicólogo que se dedica à psicologia animal ou à psicologia fisiológica. [16] Em geral, encontramos na psicologia social um conjunto de interesses, problemas, métodos de investigação e contatos profissionais, muito diferente daqueles que caracterizam os psicólogos experimentais mais orientados para o aspecto biológico.

Ao salientar a poderosa influência dos fatores sociais e culturais sobre o comportamento do indivíduo, os investigadores da área introduziram o conceito de *socialização*. Ele será talvez melhor compreendido quando posto em contraste com o conceito de *maturação*, da psicologia do de-

---

[16] As excelentes pesquisas realizadas por vários investigadores (VON FRISCH, LORENZ, TINBERGEN e outros) sobre o comportamento social dos animais constituem uma exceção a esta regra.

senvolvimento. O processo de socialização inclui a modelagem e o desenvolvimento da personalidade, motivação, atitudes e, mesmo, da percepção através de contatos com outras pessoas. É um processo de aprendizagem social pelo qual a criança adquire as habilidades, costumes e atitudes daqueles junto aos quais cresce — sua família, colegas, professores e outros com quem entra em contato freqüente. Da mesma forma que a psicologia do desenvolvimento, com a qual está intimamente relacionada no estudo de crianças, a psicologia social procura compreender como e em que medida os aspectos básicos do comportamento são influenciados pelos contatos sociais e pelas instituições sociais.

Um tópico importante de pesquisa tem sido a percepção social. A pesquisa nessa área inclui tanto as influências sociais sobre a percepção que o indivíduo tem dos objetos (por exemplo, ilusão visual) como a natureza da maneira pela qual ele percebe as outras pessoas, figuras, desenhos, histórias e filmes. A aquisição de motivos sociais tais como segurança, afeição, afiliação, *status* e dominância recebeu muita atenção, embora nosso conhecimento a respeito destas importantes fontes de satisfação ou frustração ainda seja um tanto limitado. O estudo das atitudes, incluindo o preconceito, constitui outra grande área de investigação. A pesquisa tem se concentrado sobre as origens, manifestações e medidas das atitudes e chamou a atenção do público para este fenômeno social básico da sociedade moderna.

Personalidade é outro grande tópico da psicologia social contemporânea, no qual se investiga a maneira pela qual se desenvolvem e se manifestam diferenças de personalidade no comportamento social. É também outro assunto que desperta interesses comuns entre os campos da psicologia atraindo investigadores da psicologia do desenvolvimento, do anormal, fisiológica e social. A influência da situação grupal ou do "clima social" sobre a realização humana no laboratório, no local de trabalho, em operações militares (por exemplo, aviões e submarinos) e numa cápsula espacial constitui uma área de pesquisa repleta de aplicações da mais alta importância.

O estudo da interação pessoal dentro de pequenos grupos ("dinâmica de grupo") é um dos aspectos mais interessantes e práticos da psicologia social. Exemplos são proporcionados por fábricas, escritórios, tripulação de grandes aeronaves e pela formação de *gangs*. Um tópico intimamente relacionado é o da comunicação, no qual são comparados os vários canais e meios para o intercâmbio de informações.

A natureza da liderança é outro assunto de intensa pesquisa recente. O conhecimento almejado propiciará à indústria, ao governo e às forças armadas instrumentos para uma seleção mais eficiente de pessoas com potencial de liderança, para a avaliação e o treinamento ou desenvolvimento da liderança.

A Relação da Psicologia com as Outras Ciências

Tendo examinado as várias áreas de especialização dentro da psicologia e suas principais relações com outras profissões, voltaremos agora nossa atenção para o lugar que a psicologia ocupa dentro da família das ciências. Ao considerarmos os antecedentes históricos da psicologia moderna, seus métodos de investigação e suas principais subdivisões, repetidamente salientamos a dupla relação da psicologia com outras ciências, ou seja, com a biologia de um lado e as ciências sociais do outro. A biologia é o parente mais chegado da psicologia dentre as ciências naturais, da mesma forma que a sociologia e a antropologia cultural constituem seus vizinhos mais próximos dentre as ciências sociais. Estas relações há muito conhecidas levaram alguns escritores a referir a psicologia como uma ciência "biossocial".

As inter-relações dos vários ramos da ciência podem ser representadas por muitos tipos de tabelas e gráficos. Um de tais esquemas, adaptado de um livro de texto de psicologia de 30 anos atrás, é mostrado na Figura 11. Representa a ciência em quatro agrupamentos: as ciências "físicas", as ciências da "natureza", as ciências da "vida" e as ciências "sociais".

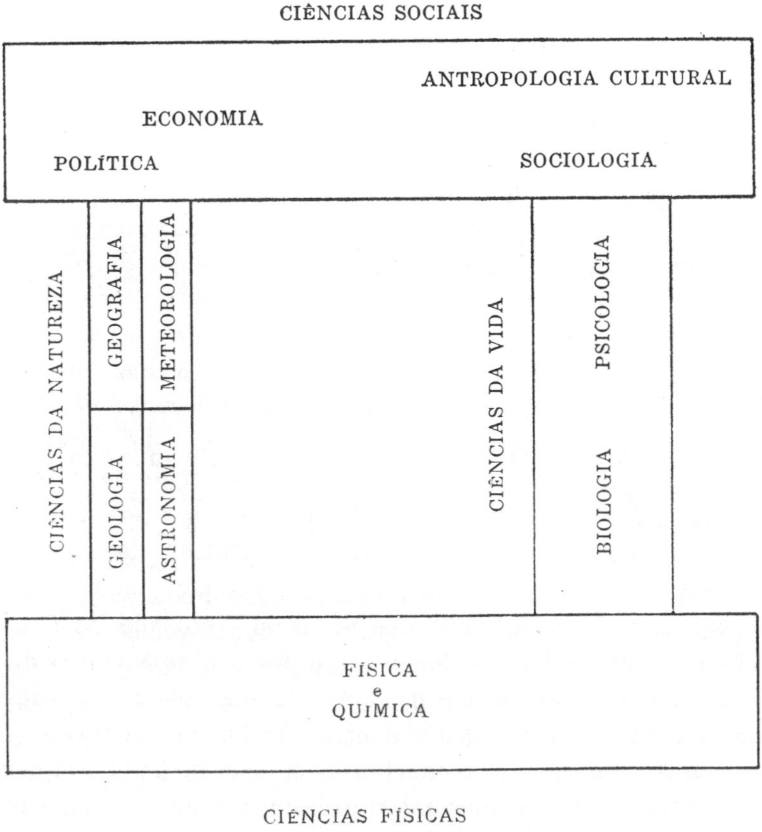

CIÊNCIAS SOCIAIS

POLÍTICA	ECONOMIA		ANTROPOLOGIA CULTURAL SOCIOLOGIA

| CIÊNCIAS DA NATUREZA | GEOGRAFIA | METEOROLOGIA | | CIÊNCIAS DA VIDA | PSICOLOGIA |
| | GEOLOGIA | ASTRONOMIA | | | BIOLOGIA |

FÍSICA
e
QUÍMICA

CIÊNCIAS FÍSICAS

Fig. 11 — *Esquema provisório representando as inter-relações dos principais ramos da ciência.* Adaptado com permissão de General Psychology, de Floyd C. Dockeray. (c) 1935. Prentice-Hall, Inc.

As ciências da natureza e as ciências da vida são representadas como propiciando duas ligações entre as ciências básicas mais antigas — a física e a química — e as ciências cuja evolução foi mais recente, como as ciências sociais. As relações entre geologia e química e entre astronomia e física são um tanto óbvias. Uma breve reflexão sobre a importância vital do clima e dos fatores geográficos na política internacional (inclusive guerras) e sóbre a economia das nações tornará clara a relação entre as duas ciências da natureza e as duas ciências sociais da política e da economia.

Menos claras são as relações entre geologia e astronomia de um lado e meteorologia e geografia do outro. Parece incontestável que a biologia esteja mais intimamente ligada à física e à química do que a psicologia, cuja preocupação maior é o comportamento interpessoal do homem. É preciso prevenir o leitor de que todas as representações esquemáticas das relações intercientíficas devem ser consideradas como provisórias e supersimplificadas, omitindo necessariamente especialidades dentro de cada ciência e outras inter-relações igualmente genuínas dos diversos ramos das ciências. Além disso, estamos longe da concordância completa quanto aos significados precisos das categorias como "ciências naturais", "ciências da vida" e "ciências sociais". A biologia, por exemplo, poderia ser classificada entre as "ciências naturais", ao lado da física e da química. Alguns autores preferem não enfatizar a distinção entre "ciência natural" e "ciência social", considerando o homem e sua cultura como fenômenos naturais. A expressão "ciência do comportamento" está sendo usada com mais freqüência em nossos dias, aplicando-se às ciências sociais representadas na Figura 11, mas também incluindo a psicologia ou, pelo menos, aquelas divisões da psicologia mais intimamente associadas com as ciências sociais.

Em termos de interesses de pesquisa há considerável distância entre os psicólogos orientados biologicamente (por exemplo, os que se especializam em psicologia animal ou fisiológica) e aqueles preocupados com as atividades sociais do homem (por exemplo, psicólogos sociais, educacionais e industriais). Na Figura 12, a coluna superior direita da Figura 11 foi "ampliada" para mostrar algumas das áreas principais de especialização em psicologia (e umas poucas em biologia) e ilustrar suas respectivas orientações em relação às ciências físicas ou às ciências sociais. De novo, a apresentação esquemática é apenas sugestiva, mas pode servir para realçar a ampla área da investigação psicológica que vai desde o estudo dos órgãos sensoriais e do cérebro até às atitudes e costumes sociais do homem. Há pouca superposição de interesses atualmente entre psicólogos nessas duas alas extremas da ciência. Contudo, é bastante provável que as descobertas futuras (por exemplo, a influência das drogas sobre o comportamento social) possam trazer maior aproximação entre a psicologia fisiológica e a psicologia social.

A Psicologia como Ciência e como Tecnologia

A maioria dos cursos introdutórios realça o aspecto científico da psicologia moderna e praticamente todos os livros de texto definem psicologia como "ciência do comportamento". A maior parte dos psicólogos considera seus interesses e pontos de vista como "científicos" e, resolutamente, afirma o seu papel de cientistas. Não obstante, entre os não-psicólogos freqüentemente se ouvem perguntas relativas ao *status* da psicologia como ciência. As perguntas originam-se principalmente de duas fontes: das ciências mais antigas, de laboratório, como a física, a química e a biologia, de um lado, e do público leigo, do outro. Os cientistas naturais, sempre preocupados com a solidez da metodologia, perguntam se a causação do comportamento humano não é complexa demais para ser investigada com sucesso pelo método experimental. O leigo endossa também essa pergunta, mas está pronto a acrescentar a sua própria oposição à idéia de "cobaia humana".

CIÊNCIAS SOCIAIS		
ANTROP. CULT.		SOCIOL.
SOCIAL		
INDUSTRIAL		
CLÍNICA		
EDUCACIONAL		
DO DESENVOLVIMENTO		
FISIOLÓGICA		
ANIMAL		
FISIOLOGIA		
ANATOMIA COMPARADA		
ZOOLOGIA		
GENÉTICA		
BOTÂNICA		
CITOLOGIA		
BIOFÍSICA		BIOQUÍMICA
CIÊNCIAS FÍSICAS		

(PSICOLOGIA / BIOLOGIA)

Fig. 12 — *Uma outra representação das ciências da vida, indicando os campos de tendências biológica e social dentro da psicologia.*

Muitas pessoas a quem parece totalmente certa a crença de que os eventos do mundo físico ocorrem segundo princípios regulares acham que o homem e seu comportamento devem ser protegidos do cientista inquiridor que procura desvendar antigos mistérios da mente. Ao lado desta objeção, que considera o estudo científico do homem como um tanto degradante para a dignidade humana e como capaz de ameaçar sua liberdade de ação, existe a convicção de alguns outros de que o aspecto mais significativo do homem é sua experiência consciente e esta não pode ser comunicada na linguagem da ciência. Um destacado psicólogo britânico, D. E. Broadbent, respondeu recentemente a esse ponto de vista do seguinte modo:

> Esta objeção é atrativa porque parece apelar para nosso senso do valor e da dignidade dos seres humanos: mas infelizmente não leva suficientemente a sério o significado da palavra "incomunicável". Não é apenas a linguagem científica que exige concordância entre a pessoa que fala e a que ouve, mas toda a linguagem. É certo que a concordância nem sempre precisa ser estabelecida da maneira científica na qual se especificam os tipos exatos de luz aos quais um determinado observador diz: "Eu vejo azul." É também possível para uma pessoa talentosa exprimir uma nova experiência relatando-a em palavras cujo significado seus ouvintes conhecem de outras situações. Todavia, ele só transmite sua mensagem privada traduzindo-a para termos públicos. São apenas aquelas mensagens, que não podem ser traduzidas dessa maneira, que permanecem fora dos limites possíveis do behaviorista. Se por esta razão rejeitarmos a abordagem científica, uma vez que ela não é privada, estaremos rejeitando também todas as tentativas de partilhar da experiência dos outros, seja artística, religiosa ou de qualquer outra espécie. [17]

---
[17] De BROADBENT, D. E., *Behaviour*. Eyree e Spottiswoode, London, 1961, p. 44. Transcrito com permissão.

Nosso levantamento anterior da psicologia deve ter-nos preparado para esperar tal questionamento de seu *status* como ciência. Vimos que os psicólogos de hoje são atraídos por uma diversidade de problemas que exigem diferentes abordagens metodológicas. Aprendemos que as formas mais complexas e significativas do comportamento não podem, na época atual, ser estudadas no laboratório. Além disso, vimos que muitos psicólogos estão envolvidos em trabalhos práticos e não em pesquisas. Estes pontos serão melhor compreendidos por nós se fizermos uma análise minuciosa da distribuição de sócios de sua organização profissional nos E.U.A. — a American Psychological Association. A Associação tinha 23 divisões em 1965, indicativas das atividades especializadas e variadas dos psicólogos de hoje.

A Tabela 4 mostra os associados das várias divisões. As divisões são apresentadas em ordem decrescente de tamanho, e não, necessariamente, em termos das datas de seu aparecimento. O que há de notável na tabela é que a grande maioria dos psicólogos está envolvida nas aplicações práticas da psicologia ao invés da abordagem da "ciência pura" na investigação do comportamento.

Como nas outras ciências, mas talvez mais obviamente na psicologia, existem três grupos profissionais, ou categorias, bem destacados, que se podem designar, respectivamente, como experimentalistas da "ciência pura", pesquisadores da ciência aplicada e tecnólogos. As linhas de demarcação entre essas categorias não são nítidas e um mesmo psicólogo pode em determinados momentos envolver-se em pesquisa pura, noutros em pesquisa aplicada e ainda trabalhar um pouco como consultor. Contudo, essa classificação serve para salientar três grandes áreas de trabalho dentro da psicologia e o fracasso em reconhecer estas distinções conduziu a boa parte da confusão relativa ao *status* científico da psicologia contemporânea.

TABELA 4

Divisões da American Psychological Association

Divisão	Número de membros
Divisão de Personalidade e Psicologia Social (8)	3.303
Divisão de Psicologia Clínica (12)	2.899
Divisão de Psicologia Educacional (15)	1.924
Divisão do Ensino de Psicologia (2)	1.609
Divisão de Psicologia do Aconselhamento (17)	1.430
Sociedade para o Estudo Psicológico dos Problemas Sociais (9)	1.307
Divisão de Psicologia Geral (1)	1.138
Divisão de Aspectos Psicológicos do Deficiente (22)	1.011
Divisão de Psicólogos Escolares (16)	975
Divisão de Psicologia Experimental (3)	968
Divisão de Psicologia Industrial (14)	934
Divisão de Psicologia do Desenvolvimento (7)	792
Divisão de Avaliação e Medidas (5)	783
Divisão de Consultoria em Psicologia (13)	573
Divisão de Psicólogos do Serviço Público (18)	547
Divisão de Psicologia Filosófica (24)	447
Divisão de Psicologia Fisiológica e Comparada (6)	435
Sociedade de Engenharia Psicológica (21)	396
Divisão de Psicologia Militar (19)	373
Divisão de Maturidade e Velhice (20)	287
Divisão de Psicologia do Consumidor (23)	255
Divisão de Análise Experimental do Comportamento (25)	254
Divisão de Psicologia e as Artes (10)	198

FONTE: Anuário, American Psychological Association, 1965.
Nota: Muitos psicólogos pertencem a mais de uma divisão; entretanto, muitos outros pertencem simplesmente à Associação, sem filiação com quaisquer de suas subdivisões específicas. Devido ao número substancial de associados que não pertencem a nenhuma divisão, o número total de membros relacionados na Tabela 4 é menor do que o número total dos associados que era de aproximadamente 23.500 em 1965. A relação acima inclui tanto o associado que pertence a uma divisão como o que pertence a mais de uma. Os números entre parênteses referem-se ao número da divisão na American Psychological Association.

Os psicólogos na categoria da "ciência pura" (representados na Tabela 4 principalmente pelos membros das Divisões 3, 6 e 25) estão procurando estender as fronteiras do saber sobre o comportamento preocupando-se pouco com os valores ou aplicações práticas. Esses investigadores interessam-se pelo comportamento em si e procuram princípios subjacentes a todo comportamento, sejam eles derivados do rato branco, do pombo, do chimpanzé ou de sujeitos humanos. O elemento "ciência pura" em psicologia prefere a sólida metodologia experimental ao invés da significância ou praticabilidade do problema a ser estudado. Os psicólogos dessa categoria estão seguindo a tradição dos estruturalistas, behavioristas e gestaltistas.

Outros psicólogos aderem aos métodos científicos de investigação, mas estão mais interessados em atacar problemas práticos do trabalho humano. Algumas das questões que podem ser levantadas por esses psicólogos da "ciência aplicada" são: Quando a criança está pronta para aprender a ler? Quais são os incentivos mais importantes, para o operário, que fazem com que ele tenha satisfação no trabalho? Qual é o melhor método para treinar observadores de radar? Que características tornam os sinais das auto-estradas mais legíveis para os motoristas à noite? Qual é a eficiência relativa da terapia psicanalítica e da terapia de grupo para pacientes com problemas emocionais?

Os pesquisadores que procuram respostas para tais questões estão preocupados com comportamento específico em situações específicas. Eles trabalham segundo o espírito do funcionalismo e da psicanálise. Geralmente têm pressa em obter as respostas. A urgência do problema comumente excede considerações sobre a solidez da metodologia empregada. Como uma conseqüência das diferenças entre as situações envolvidas, as pessoas observadas e os métodos de investigação empregados, não é de causar surpresas que nem sempre haja concordância com os resultados experimentais.

A generalização das descobertas é, assim, freqüentemente limitada à situação específica estudada.

Um terceiro corpo de psicólogos é atraído para problemas que não são prontamente suscetíveis de solução através da pesquisa. Esses problemas também são práticos, mas muito mais pessoais e mesmo mais urgentes do que aqueles estudados pelo cientista prático. Incluem eles problemas de escolha vocacional, dificuldades matrimoniais, classificação na escola, infelicidade no emprego, ansiedades por fracassos pessoais na vida, lidar com "crianças problemas" na escola e tratamento de indivíduos que sofrem de distúrbios emocionais. Em tais casos, uma ação remediativa deve ser executada, e rapidamente. O caso apresenta "uma situação, não uma teoria", e as decisões não podem esperar os resultados de longas pesquisas. Os objetivos do psicólogo prático preocupado com tais problemas são duplos: 1) aumentar a probabilidade do comportamento desejável e 2) reduzir ou evitar a ocorrência de comportamento indesejável. Os objetivos excedem os meios pelos quais são realizados.

Ao procurar solução para prementes problemas pessoais, o psicólogo prático pode utilizar-se de qualquer orientação promissora e das fontes de informação de que dispõe, inclusive sua própria experiência, a experiência de outros com casos semelhantes e, mesmo, a intuição. Tem que se apoiar, em tais casos, no "julgamento profissional" e não em princípios cientificamente validados que ainda não são disponíveis. Como o desenvolvimento metodológico constante em psicologia, abrangendo aspectos novos e cada vez mais complexos do comportamento humano, a informação básica de urgente necessidade será indubitavelmente acumulada, embora num passo que pode ser dolorosamente lento para aqueles psicólogos práticos que estão na "linha de fogo".

Nesse meio-tempo esses psicólogos executam serviços muito úteis, talvez indispensáveis, em nossa sociedade contemporânea, repleta como está de depressões, ansiedades, conflitos e frustrações. Todavia, seu papel principal é o de *tecnólogo* e não o de *cientista*. É importante, na discussão do *status* científico da psicologia atual, reconhecer que muitos psicólogos gastam grande parte de seu tempo proporcionando serviços ao invés de realizar pesquisas. Isto não quer dizer que o psicólogo prático não tenha interesse pela pesquisa, porém suas múltiplas responsabilidades em atividades como aplicação de testes, avaliação, consultas, aconselhamento e administração freqüentemente lhe deixam pouco tempo para a investigação exploratória.

Esta divisão de esforços entre a pesquisa e a prática não é, de modo algum, limitada à psicologia. A mesma distinção entre a ênfase em ciência pura e tecnologia prática se evidencia quando comparamos a física e a engenharia, a química experimental e a química industrial, a ciência médica e a prática médica. A tendência do cientista experimental ao assumir uma atitude superior diante do prático é uma atitude tão deplorável quão irrealista. A maioria de nós prefere que o médico da nossa família seja um prático experiente e não um cientista experimental. O psicólogo de laboratório versado em percepção sensorial tem pouco a oferecer como auxílio ao dirigente industrial que enfrenta problemas de moral entre seus empregados ou a um professor que deve tratar com "crianças problemas" na escola.

Além disso, a avaliação que se faz do *status* da psicologia como ciência depende da área da psicologia que se observa, da definição de "ciência" e da confiança na abordagem científica para a solução de problemas. O dilema com o qual se confronta o psicólogo é peculiarmente difícil. Ou os problemas práticos do comportamento são evitados devido à falta de metodologia científica disponível, ou as considerações metodológicas são sacrificadas às exigências da prática. Se a primeira política é seguida, a sociedade indubitavelmente exigirá um ataque aos problemas sem considerar as qualificações do investigador ou do método. Se a última alternativa é escolhida, podem-se muito bem por em dúvida as soluções a que se chegou por métodos e práticas não comprovados. Existem alguns que não empregariam o método científico no estudo do comportamento humano, acreditando que outras abordagens poderiam proporcionar igualmente compreensão e discernimentos valiosos. O assunto é um tanto confuso devido às interpretações diferentes que se dão às expressões termos *ciência* e *método científico*. Alguns autores parecem acreditar que todos os métodos de investigação dos fenômenos naturais são igualmente científicos. Para os indivíduos que apóiam esse ponto de vista o diagnóstico clínico e o tratamento de uma desordem emocional são quase tão científicos (e quase tão válidos) quanto o estudo experimental da aprendizagem no laboratório animal. Na verdade, não há concordância geral quanto à resposta à pergunta: "A psicologia é uma ciência?"

Em suma, a situação da psicologia contemporânea, complexa como é, não difere grandemente da de outros campos de investigação que apresentam programas de trabalho tão puros como aplicados. À medida que os métodos experimental e estatístico se tornarem mais sofisticados (como vem acontecendo nos últimos anos), problemas comportamentais de significado crescente serão passíveis de investigação. Não há razão para acreditar que o tecnólogo venha um dia a desertar mais a psicologia do que a engenharia ou a medicina. Contudo, há boas razões para esperar que na psicologia, como na medicina, o progresso do conhecimento científico proporcionará ao tecnólogo informações cada vez mais confiáveis sobre as quais ele poderá basear os serviços que presta ao público.

SUGESTÕES PARA LEITURAS

ANTECEDENTES HISTÓRICOS DA PSICOLOGIA MODERNA

BORING, E. G. *A History of Experimental Psychology* (Rev. Ed.). New York: Appleton-Century-Crofts, 1950. Uma história da psicologia experimental através de biografias desde DESCARTES até o século XX, escrita por um dos mais destacados autores e especialistas da psicologia.

HULIN, W. S. *A Short History of Psychology.* New York: Holt, 1934. Um levantamento cronológico, de leitura fácil, das teorias psicológicas desde seus primórdios, sem qualquer tentativa de enfatizar tópicos ou nomes.

MARX, M. H., e HILLIX, W. A. *Systems and Theories in Psychology.* New York: McGraw-Hill, 1963. Um exame crítico das "escolas" de psicologia do século XX: estruturalismo, funcionalismo, behaviorismo, psicologia da Gestalt e psicanálise.

PETERS, R. S. (Ed.) *Brett's History of Psychology.* New York: Macmillan, 1953. Uma revisão sintetizada do famoso clássico da história da psicologia; particularmente explicativo dos antecedentes históricos da psicologia na filosofia clássica e medieval.

WOODWORTH, R. S., e SHEEHAN, MARY R. *Contemporary Schools of Psychology* (3d ed.). New York: Ronald, 1964. Um levantamento bem escrito e interessante das "escolas" do século XX, suas origens históricas e suas contribuições para a psicologia contemporânea.

MÉTODOS DE INVESTIGAÇÃO

CONANT, J. B. *On Understanding Science.* New York: New American Library, 1951. (Mentor Book M68). Uma interessante explanação sobre o método científico nas ciências naturais, escrita por um destacado químico e educador.

FESTINGER, L., e KATZ, D. *Research Methods in the Behavioral Sciences.* New York: The Dryden Press, 1953. Descrições dos métodos e procedimentos mais utilizados na pesquisa em ciências sociais.

HYMAN, R. *The Nature of Psychological Inquiry.* Englewood Cliffs, N. J.: Prentice-Hall, 1964. (Foundations of Modern Psychology Series.) Um breve levantamento do processo da pesquisa em psicologia, desde a origem das hipóteses até a comunicação dos resultados.

SCOTT, W. A., e WERTHEIMER, M. *Introduction to Psychological Research.* New York: Wiley, 1962. Uma explanação um tanto sofisticada dos procedimentos pelos quais são desenvolvidas e executadas as idéias de pesquisa na investigação do comportamento.

UNDERWOOD, B. J. *Experimental Psychology* (2nd ed.). New York: Appleton-Century-Crofts, 1966. Um levantamento atualizado e compreensivo dos tópicos principais e dos métodos da pesquisa da psicologia de laboratório.

A PSICOLOGIA COMO PROFISSÃO

OGG, ELIZABETH. *Psychologists in Action.* Pamphlet No. 229. New York: Public Affairs Committee, Inc., 1955 (Paperback). Uma explanação resumida e claramente escrita da psicologia e suas principais áreas de interesse especializado.

ROSS, S., e LOCKMAN, R. *A Career in Psychology.* Washington, D. C., American Psychological Association, 1963. Um boletim que descreve a profissão de psicólogo em termos daquilo que os psicólogos fazem e como são treinados.

WATSON, R. I. *Psychology as a Profession.* Garden City, N. Y.: Doubleday, 1954 (Paperback). Um sumário das atividades profissionais dos psicólogos atuais escrito para o principiante em psicologia.

WEBB, W. B. (Ed.). *The Profession of Psychology.* New York: Holt, 1922. Um amplo levantamento das atividades dos atuais psicólogos — onde estão empregados, o que fazem e suas principais relações profissionais com a indústria, a educação, a engenharia, a medicina, o direito e a teologia.

REFERÊNCIAS

1. BEACH, F. A., e JAYNES, J. "Early experience and the behavior of animals". *Psychol. Bull.*, 1954, 51, 239-263.
2. BENNETT, E. L., DIAYOND, M. C., KRECH, D., e ROSENZWEIG, M. R., "Chemical and anatomical plasticity of brain". *Science*, 1964, 146, 610-619.
3. BORING, E. G. *History of Experimental Psychology*, New York: Appleton-Century-Crofts, 1950.
4. BRADY, J. "Ulcers in the executive monkey". *Sci. Amer.*, 1958, 199, 362-404.
5. COMPTON, B. E. "Psychology's manpower: characteristics, employment, and earnings". *Amer. Psychologist*, 1966, 21, 224-229.
6. DOCKERARY, F. C. *General Psychology.* New York: Prentice-Hall, 1935.
7. DISERENS, C. M. "Psychological objetivism". *Psychol. Rev.* 1925, 32, 121-152.
8. EBBINGHAUS, H. *Memory, a Contribution to Experimental Psychology.* (Traduzido por H. A. Ruger.) New York: Teachers College, Columbia University, 1913.
9. FRISCH, K. VON. *Bees: Their Vision, Chemical Senses and Language.* Ithaca, New York: Cornell University Press, 1950.
10. GREENSPOON, J., e FOREMAN, S. "Effect of delay of knowledge of results on learning a motor task". *J. exp. Psychol.*, 1956, 51, 226-228.
11. GUILFORD, J. P. *General Psychology* (2nd ed.). New York: Van Nostrand, 1952.
12. HYMAN, H. H., e SHEATSLEY, P. B. "The authoritarian personality: a methodological critique". In R. Christie and Marie Jahoda (Eds.), *Studies in the scope and method of "The Authoritarian Personality"*. Glencoe, Illinois: Free Press, 1954.
13. ISAACSON, R. L., HUTT, M. L., e BLUM, M. L. *Psychology: The Science of Behavior.* Harper and Row, 1965.
14. JAMES, W. *The Varieties of Religious Experience.* New York: Longmans, Green, 1902.
15. JENKINS, J. G., e DALLENBACH, K. M. "Obliviscence during sleep and waking" *Amer J. Psychol.*, 1924, 35, 605-612.

16. JUNG, C. G. *Psychology and Religion: West and East*. Vol. 11 of *The Collected Works of C. G. Jung*. New York: Bollingen Foundation Series, 1958.
17. KENDLER, H. H. *Basic Psychology*, New York: Appleton-Century-Crofts, 1963.
18. KIMBLE, G. A., e GARMEZY, N. *Principles of General Psychology*. (2nd ed.), New York: Ronald Press, 1963.
19. LEWIS, D. J. *Scientific Principles of Psychology*. Englewood Cliffs, New Jersey: Prentice-Hall, 1963.
20. LORENZ, K. *Evolution and Modification of Behavior*. Chicago: Univ. Chicago Press, 1965.
21. MEREI, F. "Group leadership and institutionalization". *Human Relats.*, 1949, 2, 23-39.
22. MILLER, N. E. "Learning resistance to pain and fear: effects of overlearning, exposure and rewarded exposure in context". *J. exp. Psychol.*, 1960, 60, 137-145.
23. MORGAN, C. T. *Introduction to Psychology* (2nd ed.). New York: McGraw-Hill, 1961.
24. MÜNSTERBERG, H. *On the Witness Stand*. New York: McClure, 1919.
25. PETERS, R. S. (Ed.) *Brett's History of Psychology*. London: George Allen and Unwin, 1962.
26. ROGERS, C. R. e ROETHLISBERGER, F. J. "Barriers and gateways to communication". *Harvard Business Review*, 1952, 30, 46-52.
27. SCOTT, J. P. "Critical periods in behavioral development". *Science*, 1962, 138, 949-958.
28. SMODE, A. F. "Learning and performance in a tracking task under two levels of achievement information feedback". *J. exp. Psychol.*, 1958, 56, 297-304.
29. TELFORD, C. W. "An experimental study of some factors influencing the social attitudes of college students". *J. soc. Psychol.*, 1934, 5, 421-428.
30. TINBERGEN, N. *The Study of Instinct*. London: Oxford University Press, 1951.
31. WRIGHT, J. H. "Test for a learned drive based on the hunger drive". *J. exp. Psychol.*, 1965, 70, 580-584.
32. WUNDT, W. *Principles of Physiological Psychology* (5th German ed.). Vol. 1 (Translated by E. B. Titchener). New York: Macmillan, 1904.
33. ZAX, M., e STRICKER, G. *Patterns of Psychopathology*. New York: Macmillan, 1963.

ÍNDICE REMISSIVO

A abordagem clínica em psicologia, 43, 74 — 77
A abordagem da ciência social em psicologia, 64 — 73

Behaviorismo, 25 — 32

Correlação estatística, 79 — 82

Descartes, R., 8 — 10
Dualismo mente-corpo, 8 — 10

Escolas de psicologia, 20 — 37
"Escolas" do século vinte, 20 — 37
Estatística em psicologia, 77 — 82
Evolução histórica da psicologia moderna, 8 — 11

Filosofia empirista, 11 — 15
Filosofia racionalista, 11 — 15
Frenologia, 17
Freud, S., 34 — 37, 104

Helmholtz, H. von, 18
Histórico de caso, 76

Levantamentos, 68 — 71
Levantamento de atitudes, 69 — 71
Lewin, K., 34
Linhas de investigação históricas, 6 — 8
Locke, J., 11

Método experimental
  exemplos do, 55 — 64
  limitações do, 54 — 55

objetivo do, 44 — 49
planejamento experimental, 79
vantagens do, 53 — 54
variável dependente, 45 — 49
variável independente, 45 — 49

Observação de campo, 65 — 68
Observação do comportamento em situações naturais, 65

Pavlov, I.P., 27, 28, 88
Pesquisas de opinião pública, 68 — 71
Planejamento experimental, 79
Psicanálise, 34 — 37
Psicologia
  abordagem clínica em, 43, 74 — 77
  abordagem da ciência social em, 64 — 73
  animal, 95 — 96
  campos especializados da, 94 —108
  como ciência, 111 — 119
  como tecnologia, 111 — 119
  da Gestalt, 32 — 34
  das diferenças individuais, 102 — 103
  do anormal, 103 — 105
  do desenvolvimento, 99 — 102
  e direito, 88 — 89
  e educação, 93
  e engenharia, 89 — 91
  e indústria, 91 — 92
  e medicina, 87 — 88
  e outras ciências, 108 — 111
  e outras profissões, 87 — 94

124

e religião, 94
escolas de, 20 — 37
estatística em, 77 — 82
estruturalista, 21 — 22
fisiológica, 97 — 99
funcionalista, 23 — 25
métodos da, 43
social, 106 — 108
Psicofísica, 16, 19 — 20
Psicólogos
empregos, 86
interesses, 83 — 87

Reflexo condicionado, 28
Rogers, C., 39

Testes, 64, 72 — 73, 103
Titchener, E. B., 21

Variável dependente, 44 — 49
Variável independente, 45 — 49

Watson, J. B., 25 — 27
Wundt, W., 15 — 20, 106

Este livro foi impresso nas oficinas da
GEOGRÁFICA EDITORA
Av. Presidente Costa e Silva, 2151
Santo André – SP
para a
Editora José Olympio Ltda.
em setembro de 2002

*

70º aniversário desta Casa de livros, fundada em 29.11.1931